Conte até
3

Les Parrott

Conte até

controlando seus impulsos no dia-a-dia

Tradução
Onofre Muniz

©2007, de The Foundation for Healthy Relationships
Título original
3 Seconds: The Power of Thinking Twice
edição publicada por
ZONDERVAN PUBLISHING HOUSE
(Grand Rapids, Michigan, EUA)

■

Todos os direitos em língua portuguesa reservados por Editora Vida.

PROIBIDA A REPRODUÇÃO POR QUAISQUER MEIOS, SALVO EM BREVES CITAÇÕES, COM INDICAÇÃO DA FONTE.

Todas as citações bíblicas foram extraídas da Nova Versão Internacional (*NVI*), ©2001, publicada por Editora Vida, salvo indicação em contrário.

EDITORA VIDA
Rua Júlio de Castilhos, 280 Belenzinho
CEP 03059-000 São Paulo, SP
Tel.: 0 xx 11 2618 7000
Fax: 0 xx 11 2618 7044
www.editoravida.com.br
www.vidaacademica.net

■

Coordenação editorial: Rosa Ferreira
Revisão de tradução: Nilda Nunes
Revisão de provas: Polyana Lima
Projeto gráfico e diagramação: Set-up Time
Capa: Arte Peniel

Dados Internacionais de Catalogação na Publicação (CIP)
(Câmara Brasileira do Livro, SP, Brasil)

Parrott, Les
   Conte até 3 : controlando seus impulsos no dia-a-dia / Les Parrott ; tradução Onofre Muniz. — São Paulo : Editora Vida, 2008.

Título original: *3 seconds*.
Bibliografia.
ISBN 978-85-383-0054-0

1. Impulsos 2. Pensamento 3. Sucesso I. Título.

08-03998   CDD-158.1

Índice para catálogo sistemático:
   1. Impulsos : Controle : Psicologia aplicada   158.1

*Dedicado a Kevin Small,
que me ensinou mais do que pôde imaginar
a respeito de como aceitar um bom desafio*

Sumário

Prefácio de John C. Maxwell   11

Introdução
A capacidade de pensar duas vezes   13

1

Conte até 3 para... você se fortalecer   27
Primeiro impulso: "Não há nada que eu possa fazer a respeito"
Segundo impulso: "Não posso fazer tudo, mas posso fazer alguma coisa"

2

Conte até 3 para... você aceitar um bom desafio   47
Primeiro impulso: "É difícil demais até mesmo para tentar"
Segundo impulso: "Adoro um desafio"

3

Conte até 3 para... você alimentar sua paixão   73
Primeiro impulso: "Farei apenas o que aparecer na minha frente"
Segundo impulso: "Farei o que me for designado"

4

Conte até 3 para... você ganhar a sua própria fatia da torta   99
*Primeiro impulso: "Não é problema meu,
outra pessoa que leve a culpa"
Segundo impulso: "Eu assumo a responsabilidade"*

5

Conte até 3 para... você percorrer a segunda milha   123
*Primeiro impulso: "Fiz o que foi pedido, e isso é tudo"
Segundo impulso: "Farei além do mínimo exigido"*

6

Conte até 3 para... você parar de se preocupar e começar a agir   147
*Primeiro impulso: "Algum dia farei isso"
Segundo impulso: "Estou 'entrando de cabeça'... e começando hoje"*

Conclusão   173
Como fazer do seu segundo impulso um hábito

Agradecimentos

Tradução

> A liberdade humana tem que ver com a nossa habilidade de fazer uma pausa e escolher a melhor resposta.
>
> **Rollo May**

Prefácio de John C. Maxwell

Li o primeiro capítulo deste livro logo depois que Les o escreveu. Na verdade, eu o li antes de qualquer outra pessoa — incluindo seu editor.

Eu estava em meu escritório quando Les me telefonou de sua casa em Seattle.

— John — ele disse —, quero compartilhar com você uma idéia sobre a qual nunca ouvi ninguém falar.

Les prendeu a minha atenção de imediato. Ele é um dos mais perspicazes pensadores que conheço, e sua formação como psicólogo o torna especialmente perspicaz.

— Quanto mais estudo o que separa as pessoas de sucesso — ele disse —, mais acredito que se trata de uma questão de meros três segundos.

Les tem um jeito de prender a atenção de qualquer um enquanto fala — eu o vi fazer isso em auditórios diante de milhares de pessoas. E, naquele dia, certamente ele me deixou intrigado.

— Três segundos? — perguntei vagarosamente, sabendo que ele estava intencionalmente despertando o meu interesse.

— É isso. Só três segundos. Estudos têm demonstrado que é o tempo necessário para redirecionar um impulso negativo no cérebro humano — disse Les. — Não é só isso — ele continuou.

— Descobri meia dúzia de impulsos comuns que quase sempre levam à mediocridade — a menos que façamos uma pausa e pensemos uma segunda vez.

Eu estava fisgado. Les começou a me falar a respeito desses impulsos sabotadores, mas interrompi sua exposição:

— Les, percebo, pela maneira como fala, que você está escrevendo outro livro, e eu quero vê-lo.

As pessoas "devoram" os livros escritos por Les. Eu mesmo tenho uma estante cheia deles em minha biblioteca e sempre dou exemplares de seus livros aos meus filhos, amigos e funcionários.

Naquela tarde Les me passou por e-mail o primeiro capítulo do livro que agora está em suas mãos, caro leitor, e imediatamente vi que ele estava envolvido em algo significativo. Muito significativo! Logo passei a acreditar na "capacidade de pensar duas vezes". E você também acreditará. Se você interiorizar a mensagem de Les contida neste livro, se estudar sua estratégia para superar seis dos impulsos mais negativos que experimentamos, você treinará novamente o seu cérebro e se moverá para um novo nível integral de sucesso.

Em uma linguagem simples, o dr. Parrott mostra como uma pausa momentânea, de apenas três segundos, pode engrandecer toda a sua vida. Não posso imaginar ninguém que não reconheça o valor inestimável deste livro. Se você é um líder, deve adquirir um exemplar e dar ao seu pessoal. Qualquer um que queira liberar seus recursos interiores e obter melhor meio de vida precisa ler este livro.

A capacidade de pensar duas vezes

*Deixe passar o primeiro impulso,
espere pelo segundo.*

Baltasar Gracian

Três segundos separam literalmente os que "dão tudo de si" daqueles que "não ligam a mínima". Três segundos. Esse curto espaço de tempo é tudo o que se coloca entre os que aceitam "coisas sem importância" e os que não se conformam com nada menos do que "tudo aquilo que é importante".

Como um espaço de tempo tão curto pode fazer uma diferença tão grande? Isso se reduz a seis impulsos previsíveis que a maioria de nós aceita automaticamente sem pensar duas vezes. Praticamente não analisamos as opções para esses impulsos porque se tornaram hábitos inconscientes embutidos em nosso cérebro. A rotina de aceitação de qualquer um desses seis impulsos comuns elimina involuntariamente a possibilidade de engrandecer nossa vida. Sem saber, nós nos fechamos em uma vida de poucos resultados, simplesmente porque agimos ao primeiro impulso, sem pensar duas vezes.

Se, por outro lado, fizéssemos uma pausa momentânea diante de qualquer desses seis impulsos comuns — apenas três segundos de deliberação —, logo veríamos emergir outro impulso. E é esse segundo impulso que nos coloca em uma trilha mais elevada. É o segundo impulso que revela a nossa liberdade de superar — de nos mover de "coisas sem importância" para "tudo aquilo que é importante".

As pessoas dispostas a fazer "tudo aquilo que é importante" formam melhores equipes, conquistam mais respeito e conseguem mais resultados devido a essa qualidade. A sua determinação define tudo o que elas fazem e todas as adversidades que elas enfrentam. Elas têm sorte na vida? São aquinhoadas com uma maneira de pensar que atrai sucesso sem esforço? Não, se analisarmos bem seu comportamento e sua vida.

> Concedam-nos um breve adiamento; o impulso em tudo não passa de um servo inútil.
> Cecílio Estácio

Essa qualidade fascinante e invisível não é herdada, e sim desenvolvida. É uma fascinante disposição que pode ser ensinada e aprendida. Por muito tempo dominou a falsa impressão de que essa qualidade é inata e que a pessoa a tem ou não a tem. Este livro trata da mudança desse paradigma.

A falácia do primeiro instinto

O renomado psicólogo Rollo May disse: "A liberdade humana tem que ver com a nossa habilidade de fazer uma pausa e escolher a melhor resposta". É essa liberdade de escolher "a única resposta", aquela que pode levar a nossa vida a um novo nível, que eu pretendo ajudar você a experimentar.

Como psicólogo e professor universitário, estou a par do conselho de seguir o primeiro impulso. Se você já fez um teste de múltipla escolha como aquele do vestibular, provavelmente foi aconselhado a não mudar sua primeira escolha, mesmo se, em um segundo impulso, você pensasse que outra opção seria a correta. A sabedoria corrente aqui é que os seus instintos iniciais são os melhores. No entanto, pesquisas realmente mostram que essa não é uma boa estratégia. De fato, 33 estudos ao longo de setenta anos sugerem que apegar-se ao seu primeiro instinto *não* é uma abordagem inteligente. Pesquisadores descobriram que em uma prova, quando alguém segue um segundo palpite e muda suas respostas, quase sempre está mudando da *incorreta* para a *correta* e melhora sua pontuação. Pesquisadores da Universidade de Illinois chamam isso de "falácia do primeiro instinto"[1] e ela continua viva a despeito da abundância de evidência contrária.

Permita-me, antes de tudo, esclarecer isso. Não estou dizendo que o seu primeiro impulso deve ser sempre desprezado. Não completamente. De fato, não é preciso observar mais do que o best-seller *Blink*, de Malcolm Gladwell, para reconhecer o fato indiscutível de que os nossos primeiros instintos são sempre brilhantes. Entretanto, o que estou dizendo é que, quando se trata dos seis impulsos específicos que estou prestes a esboçar, é bastante clara a evidência de que eles *não* funcionarão bem em sua vida. De fato, esses impulsos são completamente prejudiciais. Todavia, como pré-vestibulandos apavorados, parecemos aceitar o antigo ditado de que devemos seguir nosso primeiro impulso.

> Se o seu pressentimento se revela bom, você estava inspirado; se ele se revela mau, você é culpado de se render a um impulso impensado.
>
> **Beryl Markham**

---

[1] J. KRUGER, D. WIRTZ e D. T. MILLER, "Counterfactual Thinking and the First Instinct Fallacy", *Journal of Personality and Social Psychology*, maio de 2005.

Os seis impulsos que nunca valem a pena

Não é necessário um estudo científico para mostrar que os seguintes seis instintos são prejudiciais. Diante disso, você sabe — bem, instintivamente — que eles não são dignos de sua aspiração. No entanto, por razões que vamos demonstrar nos capítulos seguintes, a grande maioria das pessoas continua a dar a esses seis instintos tempo e mais tempo. Aqui estão eles:

> **O impulso de...**
>
> Desistir antes de tentar... porque você se sente impotente.
> Evitar o desafio... porque ele parece assustador.
> Acomodar-se à situação... porque você não tem visão.
> Fugir da responsabilidade... porque é mais fácil transferir a culpa.
> Fazer o mínimo necessário... porque isso é tudo o que se espera.
> Evitar tomar uma atitude... porque você teme o fracasso.

Cada um desses impulsos é auto-sabotador. Eles não contribuem em nada para melhorar a sua vida. São, em certo sentido, uma forma de contrabandear a idéia de "coisas sem importância" para a vida. Contudo, dia após dia, nós nos rendemos a eles, inúmeras vezes — apesar dos resultados danosos.

Existem impulsos mais ineficazes do que esses? Claro que sim. Essa meia dúzia, porém, é mais do que suficiente para nos fazer refletir. Deixe-me explicá-los.

1. O impulso de desistir antes de tentar

Quando você depara com um problema aparentemente além do seu controle, certamente se sentirá impotente... se ceder ao primeiro impulso. Você dirá: "Não há nada que eu possa fazer a respeito".

Gary, diretor de marketing, tem um cliente que deseja mudar o conjunto de cores de um panfleto que já foi encaminhado para a gráfica.

— Sinto muito, é tarde demais — Gary diz ao cliente. — O material já seguiu para a gráfica e, neste ponto, não posso mais interferir.

O cliente, desesperado para fazer a modificação, telefona mais tarde e fala com outra pessoa no departamento de Gary. A pessoa responde:

> A indiferença e a mediocridade não inspiram ninguém a fazer alguma coisa.
>
> **Adrian Rogers**

— Deixe-me falar com a gráfica. Se o panfleto ainda não tiver sido impresso, podemos fazer a modificação.

E a modificação é feita.

Agora, com quem você acha que esse cliente quer tratar de agora em diante? Em uma única interação, Gary perdeu a credibilidade. Se ele tivesse feito uma pausa para reconsiderar seu primeiro impulso, teria mudado o curso do seu relacionamento com o cliente.

2. O impulso de evitar o desafio

Quando você depara com um desafio que parece além de suas habilidades, certamente se sentirá subjugado... se ceder ao primeiro impulso. Você dirá a si mesmo: "É difícil demais até mesmo para tentar". No entanto, se você der ouvidos a essa mensagem, nunca descobrirá o que na maior parte das vezes é verdade: que você é muito mais capaz de enfrentar esse desafio do que pode imaginar.

Pense no caso de Sandra, gerente de conta. O chefe pede a ela que prepare um importante relatório ao conselho de diretores em apenas três dias.

— Isso é impossível — diz Sandra impulsivamente. — Precisarei de pelo menos uma semana só para reunir as informações.

O chefe dá um suspiro.

— Faça o que puder — diz, ao sair do escritório.

Agora, compare a reação de Sandra com a de Tina ao receber o mesmo pedido. Tina está prestes a dizer a mesma coisa, mas faz uma pausa de alguns segundos para deixar emergir um novo impulso. Com uma nova perspectiva otimista, responde:

— Será difícil, mas vou tentar.

> As pessoas que acreditam poder exercer alguma medida de controle sobre sua vida são mais saudáveis, mais eficientes e mais bem-sucedidas do que aquelas que não acreditam na capacidade de efetuar mudanças em sua vida.
>
> **Albert Bandura**

Não preciso dizer como o chefe se sente quanto a isso. E adivinhe quem provavelmente estará na mira de uma desejada promoção quando surgir a oportunidade — Sandra ou Tina?

3. O impulso de acomodar-se à situação

Quando você tem a oportunidade de fazer aquilo que sempre sonhou, aquilo que o seu coração deseja, certamente se sentirá insatisfeito... se ceder ao primeiro impulso. Você dirá: "Deixarei que as coisas aconteçam naturalmente".

Stuart cursou a faculdade e conseguiu seu diploma de engenheiro. Não que ele gostasse tanto assim de engenharia; apenas não foi difícil para ele, e aquilo certamente agradou seus pais. Trabalhou em vários empregos enquanto estava na faculdade, de empacotador de doces a recuperador de mercadorias não pagas. A única coisa que havia em comum entre essas funções era trabalhar com clientes. E, certo dia, durante os quatro anos de faculdade,

Stuart descobriu que era apaixonado pelo serviço de atendimento ao consumidor.

Já se passaram quase quarenta anos, e Stuart ainda não se prendeu a nenhum trabalho no campo da engenharia. Em vez disso, ele construiu sua carreira na área de vendas e de atendimento ao consumidor. Algumas pessoas — incluindo seus pais, às vezes — dizem que ele "desperdiçou" quatro anos de sua vida. Stuart vê as coisas de maneira diferente. Diz a qualquer um que queira ouvir que a decisão tomada durante a carreira universitária — a de seguir a sua paixão — o impediu de desperdiçar *quarenta* anos de sua vida.

4. O impulso de fugir da responsabilidade

Quando você está vivendo uma situação embaraçosa e procura desculpas ou formas de transferir a responsabilidade, certamente se sentirá na defensiva... se ceder ao seu primeiro impulso. Será tentado a dizer: "Isso não é problema meu".

Fico admirado com a quantidade de incidentes de violência no trânsito cuja responsabilidade pode ser atribuída ao impulso defensivo. Nas ruas próximas à minha casa, eu presencio tanto o impulso de agir defensivamente *como* o ato de assumir a responsabilidade... não raramente no mesmo evento. É verdade que alguns motoristas cortam outros de modo intencional ou despreocupadamente. No entanto, a maioria de nós o faz sem intenção. Imagine você ser cortado no trânsito. Olhando fixamente para os olhos refletidos no espelho retrovisor do carro ofensor, você

> A primeira tarefa de alguém que queira ter sucesso em todas as áreas de sua vida é assumir o comando do diálogo interno e apenas pensar, falar e comportar-se de maneira consistente com os resultados verdadeiramente desejados.
>
> **Sidney Madwed**

percebe a reação de surpresa do motorista... depois ele faz um gesto desajeitado de ombros e mostra o sinal universal de desculpas: um tímido aceno. A sua raiva contra o motorista aumenta ou diminui?

A maioria de nós seria um pouco mais complacente com esse motorista do que aquela que segue seu primeiro impulso e levanta a mão para fazer *outro* sinal universalmente conhecido.

5. O impulso de fazer o mínimo necessário

Quando lhe é atribuída uma tarefa no trabalho ou em casa, você certamente fará o mínimo requerido... se ceder ao seu primeiro impulso. De fato, a maioria de nós agiu assim no ensino fundamental ou médio. É certo que alguns da turma se matavam para alcançar reconhecimento em sala de aula, mas eram minoria. É tentador continuar seguindo o impulso inicial mais fácil durante a faculdade e também na carreira. No entanto, e digo isso por experiência própria como professor universitário, os alunos que percorrem a "segunda milha" obtêm não somente a nota adequada em minha matéria, mas também obtêm meu respeito e minhas recomendações.

Rhonda trabalha na mesma área há cinco anos e não consegue uma promoção. Ela não compreende — chega na hora, completa suas tarefas, mantém-se concentrada e faz o seu trabalho. Entretanto, sempre que há uma oportunidade de subir na carreira, os executivos escolhem um colega para ser promovido. Ou pior ainda: contratam alguém de fora. O chefe de Rhonda diz que ela não faz "o suficiente para ser notada". Ao longo dos anos, Rhonda tem atribuído a responsabilidade por essa situação à discriminação sexual, ao racismo, ao regionalismo e às diferenças de personalidade. Só que agora ela está começando a ponderar... Existe mais alguma coisa que ela poderia fazer?

6. O impulso de evitar tomar uma atitude

E, finalmente, quando você olha para planos que parecem grandes demais para agarrar, certamente poderá pensar e falar sobre eles sem de fato fazer nada... se ceder ao seu primeiro impulso. Você dirá: "Não estou pronto ainda, mas algum dia estarei".

Correr uma maratona foi o objetivo de Sharon durante vinte anos. Ela adorava correr e havia competido em distâncias mais curtas. No entanto, ela postergou a maratona para "algum dia" no futuro. Então chegou seu quadragésimo segundo aniversário, e suas juntas começaram a dar indícios de que preferiam um hobby com menos solavancos. De repente, "algum dia no futuro" se tornou uma dúvida. Tudo o que Sharon tinha era o agora. E Sharon parou de falar sobre a maratona de sua vida e começou a treinar para efetivamente participar. No mês de outubro, depois do seu quadragésimo terceiro aniversário, Sharon completou a Maratona de Chicago. Ela diria que aquilo quase a matou. Seus quadris começaram a doer no vigésimo segundo quilômetro, e somente uma determinação absoluta a fez transpor a linha de chegada. Sharon sempre diz que gostaria de ter corrido a maratona quando era mais nova — quando seu corpo podia lidar melhor com aquilo. Contudo, esse sentimento nostálgico é sempre seguido de um sorriso.

— O que realmente importa é o que *eu fiz*, independentemente de quanto tenha sido difícil.

A você, leitor, aqui está a minha promessa. Se você se empenhar em resistir a esses seis impulsos, eu lhe mostrarei como criar uma alternativa construtiva para cada um deles. Com o tempo, o segundo impulso se tornará quase um hábito natural para você. Todos os impulsos alternativos o conduzirão a um nível de vida mais elevado. Por meio deles, você encontrará mais oportunidades e portas abertas. Você poderá aprofundar os seus relacionamentos;

e desfrutará mais realização. Tudo começa com a decisão de potencializar três segundos.

Por que "três segundos" fazem toda a diferença?

Todo anunciante de outdoors sabe que tem apenas três segundos para fisgar você com seu anúncio. E, nesse curto espaço de tempo, você não somente precisa ver o outdoor como também precisa avaliar a imagem inteira, ser influenciado pelas cores, visualizar a área de maior importância (que os anunciantes chamam de "calor"), dirigir a atenção para a mensagem central, absorvê-la, identificar seu significado e tomar uma decisão de continuar investigando-a.

O mesmo se aplica no negócio jornalístico. O editor-chefe de todo jornal sabe que você tem aproximadamente três segundos para ser capturado pela manchete e — se você ainda estiver interessado — aproximadamente mais três segundos de leitura do artigo para decidir se quer continuar com o restante. Daí as manchetes vigorosas, concisas e, em geral, sensacionalistas dos jornais e tablóides.

Entretanto, o que acontece em três segundos diante de uma página impressa nem se compara ao que acontece nas interações sociais mais complexas. Por exemplo, nos três segundos em que você atravessa a porta e estende a mão para alguém pela primeira vez, essa pessoa já fez julgamentos irreversíveis a seu respeito. As pessoas lêem os sinais intencionais e não-intencionais que você está emitindo e reagem a eles muito antes que você tenha a chance de dizer ou fazer alguma coisa de substancial.

Tudo acontece em apenas três segundos.

A mente humana é um equipamento surpreendente, capaz de realizar procedimentos e análises incrivelmente complexos em milésimos de segundos, e faz isso automaticamente. Não precisa ser treinada para tomar decisões rápidas e fazer julgamentos instantâneos. No entanto, a mente humana precisa aprender os impulsos secundários se os primeiros forem imperfeitos. Essa foi a constatação de Sydney J. Harris quando disse: "A arte de viver consiste em saber a quais impulsos obedecer e a quais controlar". Os seis impulsos neste livro, é claro, encaixam-se na última categoria. Assim, como fazer com que esses seis impulsos improdutivos se submetam àqueles merecedores de nossas aspirações? Isso requer uma pausa momentânea de três segundos para analisarmos o que realmente queremos. Requer a suspensão da nossa inclinação natural para nos fazer lembrar que temos uma escolha a respeito do que vamos dizer, do que vamos fazer e do que desejamos ser.

"No estudo da linguagem pessoal e da preparação mental", disse Sidney Madwed, "pode-se observar que aquilo que uma pessoa pensa e fala a respeito de si mesma tende a tornar-se a influência decisiva em sua vida. Porque aquilo que a mente pensa é aquilo que ela considera".

Toda pessoa bem-sucedida burilou seus impulsos por meio desse método. Conscientemente ou não, ela aprendeu a substituir a incapacidade pela eficácia, por exemplo, ao fazer uma pausa momentânea para pensar a respeito de algo e permitir a emergência de um segundo impulso. "São pessoas muito autoconfiantes", disse C. Robert Cloninger, professor de psiquiatria da Universidade de Washington em St. Louis. "São diligentes na busca de alternativas mais eficazes".[2] Em outras palavras, pessoas

> Um centésimo de segundo aqui, um centésimo de segundo ali – mesmo que se coloque um depois do outro, mesmo assim eles formam um, dois ou, talvez, três segundos.
>
> **Robert Doisneau**

---

[2] C. Robert CLONINGER, *Feeling Good: The Science of Well-Being*. Oxford: Oxford University Press, 2004.

de sucesso não cedem automaticamente a inclinações iniciais. Elas não restringem suas escolhas. São aqueles três segundos de consideração que as capacita a escolher alternativas que outros nunca reconhecem. São aqueles três segundos que as capacitam a desconhecer sua incapacidade, a aceitar desafios, a alimentar sua paixão, a percorrer a segunda milha e todo o restante.

Antes que a corrida comece

Alguns anos atrás, meu amigo Max Helton me convidou para assistir com ele às 500 milhas de Indianápolis, a prova de automobilismo mundialmente famosa. Era algo que eu sempre tive vontade de ver, e vibrei com o convite. Afinal, é um dos maiores eventos esportivos do mundo — tanto pelo público presente no local como pela audiência internacional.

— Les — ele me disse —, você terá uma visão bem próxima e pessoal da corrida.

E meu amigo não estava brincando! Ele não somente providenciou para que eu conhecesse muitos pilotos de corrida nos boxes, como conseguiu a desejada autorização que me permitia estar no *pit lane* da reta de largada/chegada.

Eu nunca tinha vivido uma experiência como aquela. Mesmo com protetores de ouvido, o ronco das poderosas máquinas é estrondeante. E a nuvem dos 33 carros de corrida completando o circuito é muito divertida. Para mim, contudo, a visão mais surpreendente foi o *pit stop*. Claro, é ali que o tempo é realmente crítico.

Quando chega um carro, uma equipe de mais de 20 mecânicos se aglomera para trabalhar naquele único carro — reabastecendo, trocando pneus, fazendo consertos e ajustes mecânicos, e mudando de pilotos, se necessário. É um alvoroço de atividades que dura apenas alguns segundos.

Depois da corrida, perguntei a um integrante da equipe como ele conseguia tomar tantas decisões cruciais tão rapidamente. Sua resposta teve muita lógica:

— Ah, tomamos todas as nossas decisões bem antes do início da corrida.

Ele explicou que todos pensam em cada situação imaginável que possa acontecer durante a corrida e executam uma série de ações predeterminadas para treinar exatamente o que fazer em cada situação.

— Quando estamos no *pit stop*, no dia da corrida, aquilo se torna um hábito — ele disse.

Com base no que presenciei, posso dizer que as coisas realmente aconteceram dessa forma. Cada integrante da equipe trabalhou com segurança, confiante de que estava fazendo o melhor para sua equipe. Da mesma forma, a chave para dominar o princípio dos três segundos é tomar uma decisão antecipadamente e praticar até que ela se torne um hábito. Neste livro, você aprenderá a tomar algumas decisões importantes na vida "antes que a corrida comece". Não importa qual corrida você esteja realizando atualmente — educação, carreira, casamento, criação dos filhos, filhos adultos saindo de casa ou aposentadoria. Você pode aprender a fazer uma pausa de três segundos agora e começar a avaliar suas decisões. Pode começar hoje a transformar os segundos impulsos positivos em um hábito.

Três segundos constituem uma pequena porcentagem dos 86.400 segundos de um dia, mas são tudo aquilo de que você precisa para ir de onde você está para quem você quer ser... ir das "coisas sem importância" para "tudo aquilo que é importante".

25

1

Conte até 3 para...
você se fortalecer

A confiança persegue Moby Dick em um barco a remo levando consigo o molho tártaro.

Zig Ziglar

— Até logo. Até logo. Obrigada por voar conosco.

Eu sorri e fiz um leve aceno à gentil comissária de bordo ao desembarcar do avião no aeroporto O'Hare, de Chicago. Eu vinha de Seattle, minha cidade, para uma conferência em Minneapolis.

Ansioso para pegar a minha conexão, eu arrastava duas malas de rodinhas e a minha velha pasta em direção ao painel de avisos do terminal. Lá estava: portão B-19. Ficava a poucos passos de onde eu estava, por isso resolvi dar um passeio. No entanto, atrás do portão B-19, o aviso eletrônico indicava que o vôo era para Denver, e não para Minneapolis.

— Com licença – perguntei ao funcionário do portão –, esse avião vai para Denver?

— Não. — Ele nem sequer levantou o olhar. — Esse letreiro está enguiçado e não há nada que eu possa fazer.
— Então ele vai para Minneapolis?
— Sim. Acabei de anunciar isso.
— Bem, não ouvi você anunciar porque acabei de chegar, por isso eu...
— Vai para Minneapolis — ele interrompeu.— O senhor pode sentar-se.

Diante disso, procurei um lugar na área de espera onde pudesse sentar. Encontrei uma cadeira próxima ao balcão e a uma senhora idosa, que deu um sorriso compreensivo, como se quisesse dizer: "Ele é mesmo um sujeito irritado!".

— Há vinte minutos ele vem tratando mal as pessoas por causa daquele letreiro — a senhora disse. — Acho que ele devia fazer algo a respeito.

Nesse instante outro passageiro chegou ao portão e fez ao funcionário irritado a mesma previsível pergunta. Novamente ele deu a mesma resposta áspera, e o passageiro saiu, acanhado.

Depois de mais alguns diálogos idênticos com outros clientes, sua colega de trabalho chegou ao balcão, olhou para o letreiro, franziu o cenho, depois olhou para o papel que tinha nas mãos e, de novo, para o letreiro.

Eu estava perto o suficiente para ouvir a conversa deles.

— Eu sei, eu sei — disse o funcionário irritado. — O letreiro está emperrado e eu não posso ir até o escritório para corrigi-lo. Já tentei de tudo.

— Bem — ela disse, depois de uma pausa momentânea —, vamos corrigir nós mesmos.

Ela usou um lápis preto e escreveu "Minneapolis" em uma folha de papel e a colou sobre o letreiro enguiçado.

— Taí — ela disse. — Pode não estar bonito, mas deve tornar as coisas mais fáceis.

E realmente tornou.

O impulso para fortalecer-se quase sempre funciona. Por quê? Porque ele é o catalisador de que uma pessoa precisa para agir e melhorar uma situação.

Não importa se você é empregado de uma empresa aérea, um professor ou um corretor de imóveis. Você pode ser um comandante militar, um gerente de restaurante, um vendedor, um deputado ou um clérigo. Em qualquer caso, a jornada da incompetência para a capacitação é essencial para mover-se das "coisas sem importância" para "tudo aquilo que é importante".

Então, por que a diferença entre os dois funcionários dos portões de embarque? Por que algumas pessoas permanecem passivas quando confrontadas com problemas, agindo como um besouro virado de pernas para o ar? E por que outras são capazes de rejeitar essa abordagem e tomam uma atitude? Pensei muito nessas perguntas, e acho que encontrei a resposta em uma montanha de pesquisas.

> As pessoas sempre se queixam da situação em que estão. As pessoas de sucesso neste mundo são pessoas que se levantam e procuram as circunstâncias que desejam e, se não as encontram, as criam.
>
> **George Bernard Shaw**

Por que algumas pessoas são passivas

Em uma recente conferência para líderes em tecnologia e artistas em Monterey, Califórnia, sentei-me perto de um dos mais respeitados psicólogos do planeta. Martin E. P. Seligman, da Universidade da Pensilvânia, lidera um movimento que está desafiando em vários aspectos as pesquisas na área de psicologia.

O movimento chama-se "psicologia positiva", e o trabalho de Seligman, bastante inovador, tem esclarecido muito sobre como podemos viver plenamente. Tudo começou há trinta anos quando Seligman descobriu por acaso a atitude de impotência que simplesmente paralisa a vida de algumas pessoas.

Aos 21 anos de idade, recém-saído da faculdade, ele observou uma experiência que o fez querer entender por que algumas pessoas desistem e permanecem passivas, enquanto outras procuram soluções, superam e alcançam êxito.

Para a experiência, os pesquisadores ensinaram cães a associar determinado som a um choque elétrico brando. Os cães foram amarrados e expostos várias vezes ao som, seguido do choque. A hipótese consistia em que, depois de ouvir o mesmo som, os cães, condicionados, o associariam ao choque e correriam ou tentariam escapar de alguma forma. Seligman e seu pessoal colocaram um cão solto dentro de uma caixa de transporte repartida ao meio por uma divisória baixa. Quando o som era acionado, o cão poderia facilmente escapar do desconforto do choque fraco pulando a divisória para a outra metade da caixa. Os pesquisadores ficaram surpresos, no entanto, com a reação do cão. Ao ouvir o som, em vez de pular para o outro lado da caixa, o cão se deitou e começou a ganir. Mesmo quando foi dado o choque, o cão não fez nada para fugir. Os pesquisadores tentaram a mesma coisa com todos os cães anteriormente condicionados. Dois terços deles nem sequer tentaram escapar do estímulo negativo.

Seligman concluiu que aqueles cães haviam "aprendido" a ser incapazes. No início do condicionamento, eles haviam recebido choque independentemente de quanto latissem, pulassem ou lutassem; haviam aprendido que nada que fizessem importava. Então, por que tentar?[1] Você já se sentiu como um desses cães? Já desistiu alguma vez por se achar incapaz? Se isso aconteceu, você não está sozinho. Assim como os cães da experiência de Seligman, as pessoas que reagem de maneira impotente *aprenderam* a reagir assim. Em algum momento de sua tentativa para alcançar metas e ter sucesso na vida, elas foram obstruídas. Quando isso acontece muitas vezes e elas acreditam que seus esforços não fazem diferença, elas simplesmente desistem. Logo deixam de tentar e, automaticamente, dizem: "Não há nada que eu possa fazer". Essa incapacidade aprendida destrói sua confiança e as coloca na trilha da impotência.

Você não é tão incapaz quanto imagina

Para uma pessoa incapaz, um "intervalo de sorte" parece ser a única maneira de conseguir sucesso. Em outras palavras, elas crêem que somente as circunstâncias – não o que elas fazem com essas circunstâncias – podem criar algo bom.

Na realidade, ninguém é tão incapaz quanto pensa ser. Mesmo na experiência de Seligman, apesar de dois terços dos cães terem desistido, um terço deles, condicionados da mesma maneira, procuraram e acharam uma maneira de evitar o choque. Eles escolheram continuar tentando. Da mesma forma, nós somente

> A incapacidade aprendida é a reação de desistir, é o impulso de cair fora que segue a convicção de que nada que se faça tem importância.
> **Martin Seligman**

---

[1] Martin E. P. SELIGMAN, *Helplessness: On Depression, Development, and Death*. São Francisco: Freeman, 1975. Veja também S. F. MAIER e Martin E. P. SELIGMAN, "Learned Helplessness: Theory and Evidence", *Journal of Experimental Psychology General* 105 (1976): 3-46.

cedemos à incapacidade porque assim decidimos fazer. Trocamos uma atitude de "eu posso" por uma abordagem passiva que — pensamos — nos livrará de qualquer implicação "não há nada que eu possa fazer". Ou, pior ainda, passamos a acreditar que, se não tentarmos, não correremos o risco de fracassar.

Seligman redigiu seu primeiro artigo sobre o fenômeno da incapacidade aprendida logo depois de obter seu doutorado em 1967 e vem dedicando toda a sua vida a essa análise. Ele diz que se surpreende com o fato de algumas pessoas reagirem exatamente como a maioria dos cães quando expostos ao desconforto ou à dor. Algumas pessoas agem como se fossem incapazes, e nem mesmo tentam mudar as coisas. Outras têm vitalidade para encontrar uma solução.

A diferença entre elas? Apenas uma escolha de três segundos.

Seu melhor momento... ou não?

Um dos melhores exemplos de todos os tempos dessas duas atitudes ocorreu em abril de 1970, em meio à era americana da exploração espacial. A nave espacial Apolo 13, em sua rota de alunissagem, foi seriamente danificada por uma explosão antes de tocar o solo lunar. O pouso foi abortado. De repente, todos os recursos tiveram de ser empregados para a tarefa de trazer os astronautas de volta.

Provavelmente você viu esse drama no episódio do filme *Apolo 13*, de Ron Howard, estrelado por Tom Hanks. Se viu, deve lembrar-se da forte tensão que havia tanto dentro da nave espacial como no centro de controle da missão em Houston, no Texas.

Três astronautas e uma sala cheia de técnicos no centro de controle enfrentavam o que parecia ser uma situação impossível. Com pouca energia e oxigênio, os astronautas trabalhavam contra o tempo. Os técnicos sugeriam idéias com o objetivo de ajudar os astronautas a navegar e fazer os reparos.

Com o módulo de serviço desativado, eles precisavam navegar em direção a uma posição de pouso na Terra com o módulo lunar. Qualquer cálculo mal feito podia mandar a nave a milhares de quilômetros para fora do seu curso no espaço sideral. Então, mesmo *se* eles tivessem sucesso em se posicionar e se espremer no módulo de comando para a reentrada na atmosfera terrestre, não havia meio de saber se a proteção contra o calor e os pára-quedas da nave funcionariam. Por fim, ainda que a reentrada fosse bem-sucedida, os boletins meteorológicos indicavam que os astronoutas poderiam cair no meio de um furacão.

Durante essa crise, qualquer decisão era um risco calculado. A catástrofe parecia iminente. Uma cena do filme de 1995 cristaliza a situação.

O agente de imprensa da NASA, buscando mais informações do diretor da NASA, começou a narrar os inúmeros perigos que a tripulação estava enfrentando. Claramente estressado, o oficial respondeu:

— Eu sei quais são os problemas, Henry. Será o pior desastre que a NASA já sofreu.

Gene Kranz, diretor de vôo, ouvindo essa avaliação pessimista, respondeu prontamente:

— Com o devido respeito, senhor, acredito que este será o nosso melhor momento.

Pense nisso. Dois homens enfrentando a mesma situação — um deles se preparando para o pior o outro na expectativa do apogeu do sucesso.

> Nós decidimos ser fortes ou impotentes. Pode nem sempre ser assim, mas é uma escolha.
>
> **Blaine Lee**

33

A situação era tão tensa e foi mostrada com tanta eficiência no filme que os espectadores, mesmo conhecendo o desfecho, permaneceram tensos em seus lugares. Vencendo óbices quase insuperáveis, os astronautas e técnicos conseguiram colocar o módulo na posição correta para a reentrada. Quando o módulo de comando entrou na atmosfera terrestre, perdeu-se o contato pelo rádio (uma ocorrência normal). Nos lares de todo o território norte-americano, os olhares estavam fixos nas telas de TV. No Controle da Missão, os segundos tiquetaqueavam. Quando se aproximou da marca dos três minutos, o operador de rádio começou a tentar restabelecer contato.

— Odisséia, aqui é Houston. Vocês estão me ouvindo?

Nas televisões de toda a América apareceu um céu vazio. A voz de Walter Cronkite informou os telespectadores que nenhuma cápsula tinha levado mais que três minutos para completar a reentrada. O silêncio que se seguiu foi doloroso.

De repente, o rádio da NASA deu sinal de vida. Na TV, uma cápsula se materializou aparentemente do nada, e os pára-quedas apareceram como flores gigantes desabrochando. E uma voz soou alta e clara:

— Alô, Houston. Aqui é Odisséia. É bom ver vocês de novo.

Qual é a sua abordagem?

Coloque-se na pele de um oficial daquela equipe da NASA, lutando para resolver um problema terrível e afastar uma enorme crise. Dispondo apenas de segundos para tomar decisões, você não pode dar-se ao luxo, nem tem tempo, para ponderar no que fazer. O que você pensa? Você se identifica com o oficial que enxerga somente o desastre iminente? Ou você se parece mais com o diretor de vôo? Você vê um problema como uma oportunidade de revelar o seu melhor momento? Ou talvez você esteja em algum lugar, no meio desses dois extremos.

Logicamente, sentado e lendo este livro, é fácil dizer que nos identificamos com o decidido diretor de vôo. Todos nós queremos acreditar que abordaríamos um problema com confiança e otimismo. Será? Sejamos honestos — esse tipo de valor é raro. Muito raro.

Verdade seja dita, a maioria de nós não tem essa coragem. Em vez disso, nós nos preparamos para justificar uma abordagem passiva, que mais tarde venha a minimizar o nosso fracasso — mesmo quando os riscos não são tão grandes quanto uma expedição espacial. "Não havia nada que eu pudesse fazer", dizemos a nós mesmos e a qualquer um que queira ouvir. Se for difícil evitar um desastre, fechar uma venda, conseguir um contrato, tranqüilizar uma criança que chora ou iniciar um relacionamento potencial, o nosso primeiro impulso é quase sempre de impotência. E, não importa quanto irracional seja a impotência, ela nos convence que fizemos tudo o que possivelmente podíamos. A impotência fortalece somente a passividade.

Por esse motivo é tão importante a pergunta sobre com quem você realmente se identifica no caso da NASA. A maneira como você responde diz muito a respeito do seu nível de confiança e de onde você pousa na sucessão de "incapacidades". E isso, por sua vez, revela muito a respeito de sua habilidade em alcançar sucesso. Por quê? Porque a pessoa comprometida em fazer "tudo aquilo que é importante" — de conseguir sucesso tanto nos grandes como nos pequenos objetivos — rejeita o primeiro impulso de impotência e escolhe acreditar que tem a capacidade de fazer diferença.

> Quem diz "não dá para fazer" não deve atrapalhar quem está fazendo.
> **Provérbio chinês**

Exercitando a sua musculatura mental

Então, *por que* o diretor de vôo da NASA reagiu com otimismo? Por que ele não sucumbiu à impotência diante de uma tarefa tão assustadora? Para nos ajudar a responder a essa pergunta, pense nos atletas — especificamente nos atletas olímpicos. O que separa os grandes esperançosos dos grandes vencedores? Qualquer atleta olímpico sabe dizer a diferença: a forma pela qual é utilizada a musculatura mental.

O mais poderoso computador do mundo é inútil sem um programa que o faça funcionar. O mesmo acontece com o atleta olímpico; sua mente é o programa que controla o conjunto da máquina conhecida como carne, ossos e músculos. Além de sua espantosa coragem física, é a musculatura mental dos atletas olímpicos — e como ela se flexiona — que os destaca dos atletas do dia-a-dia. Essa musculatura mental é conhecida pelos profissionais como "auto-eficácia destacada". É o extremo oposto de impotência.

O dicionário define auto-eficácia como o poder de produzir resultados desejados. Ela reflete uma autoconfiança[2] otimista de que alguém pode realizar tarefas novas ou difíceis, ou é capaz de lidar com a adversidade na vida. A auto-eficácia aprendida capacita a pessoa a atingir metas. Ela determina quanto de esforço deve ser investido em determinada tarefa. Prescreve

> As pessoas que se consideram vítimas de suas circunstâncias permanecerão sempre vítimas, a menos que desenvolvam uma grande visão para sua vida.
>
> **Stedman Graham**

---

[2] R. Schwarzer, ed., *Self-Efficacy: Thought Control of Action*. Washington, D.C.: Hemisphere, 1992.

sua persistência ao enfrentar obstáculos. Mostra quanto você se recuperará dos reveses.

É difícil exagerar o valor da auto-eficácia na geração da atitude "tudo aquilo que é importante". Por quê? Porque essa musculatura mental impele você a perceber que suas ações, não suas circunstâncias, são responsáveis por resultados de sucesso.

Quantas vezes você ouviu alguém dizer: "Não há nada que eu possa fazer"? Ou: "Não é o meu trabalho, por isso não é problema meu". Ou: "O que você espera que eu faça?". Essas são declarações de uma mente impotente. Para fazer essa mente dar meia-volta, é preciso apenas uma pequena quantidade de eficácia — tão pequena quanto três segundos.

Como se fortalecer

Sejamos práticos. Se rejeitar a impotência é um objetivo seu, será melhor você cultivar o oposto: a auto-eficácia. As três ações seguintes ajudarão você a fazer exatamente isso. Elas não seguem nenhuma ordem predeterminada; são simplesmente as três ações que demonstraram ter mais sucesso nesta área. Coloque em prática qualquer uma delas sempre que puder.

1. **Diga o que você sabe — em vez do que você não sabe**

O historiador Stephen Ambrose escreveu um livro fascinante, transformado depois por Tom Hanks em uma minissérie levada ao ar pela HBO chamada *Band of Brothers*. Ele documenta o percurso de uma companhia de pára-quedistas americanos em seu extenuante treinamento, a invasão do Dia-D, e a intensa luta em terra até o final da Segunda Guerra Mundial.[3] Baseado em entrevistas da vida real com veteranos da Companhia Easy, a série capta tanto a intensidade da guerra como o heroísmo das tropas.

Em uma cena do filme, logo depois de os pára-quedistas tocarem o chão na França, o tenente Winters, oficial comandante da Companhia Easy, e o recruta Hall, um jovem assustado de outra companhia, vagueiam pela zona rural em busca do restante dos americanos. Na confusão do fogo antiaéreo, os soldados caíram longe da zona de pulo planejada. O recruta demonstra claramente estar amedrontado e inseguro por não saber exatamente onde está.

— Tem alguma idéia de onde estamos, senhor? — ele pergunta.

— Alguma — responde o tenente Winters. — Preciso de sua ajuda para localizar alguns sinais que nos sirvam de orientação. Fique de olhos abertos à procura de edifícios, casas de fazenda, pontes e estradas.

— Gostaria de saber se os demais estão perdidos como nós.

— Não estamos perdidos, recruta. Estamos na Normandia.

Adoro essa frase. É muito reveladora. O tenente está focado no que sabe. Ele vê o grande quadro e, diferentemente do recruta, está confiante no resultado positivo. Sob a liderança do tenente Winters, os homens logo encontram os outros americanos. Isso é eficácia — o poder de produzir os resultados desejados.

O tenente Winters tinha uma musculatura mental forte. Rejeitou seu primeiro impulso e *escolheu* esperar pelo segundo. Aquele impulso, de fortalecimento, o ajudou a focar o que *de fato* sabia. Ele disse coisas que refletiam seus resultados desejados.

---

[3] *Band of Brothers*, dirigido por Tom Hanks e David Frankel. Burbank, Califórnia: Warner Bros. Home Video, 2001; baseado no livro de Stephen E. AMBROSE.

A pessoa fortalecida diz coisas como: "Tenho um bom pressentimento", "Tenho certeza de que posso encontrar a resposta" ou "Ainda não tenho uma solução, mas logo terei".

Recentemente um amigo meu teve de lidar com um prazo apertado para se preparar para uma importante apresentação. Quando estava no meio da redação de uma frase, a tela do computador apagou de repente. Você já passou por isso? Apavorado e sentindo mais do que uma pequena dor de estômago, telefonou para o departamento técnico de sua empresa. Depois de muito pedir e suplicar, convenceu-os a mandar um técnico imediatamente.

O técnico — vamos chamá-lo de "Bob" — sentou-se à mesa enquanto meu amigo andava de um lado para outro atrás dele. Reiniciou o computador, indagou de meu amigo a respeito da atividade recente, digitou no sistema operacional DOS (Disc Operating System). Finalmente, meu amigo não pôde mais se conter.

— O que você acha que está errado? Pode consertá-lo e recuperar o meu material?

— Não faço idéia. Nunca vi isto antes e nem mesmo sei como começar — Bob respondeu. — Mas preciso almoçar. Vou mandar Steve depois do almoço.

Como você pode imaginar, meu amigo *não* foi almoçar para não correr o risco de Steve chegar quando ele estivesse fora. Ele começou a ensaiar o que dizer ao seu chefe se aquilo não fosse consertado e ele perdesse o prazo final.

— O que posso fazer para ajudá-lo?

Despertando do seu devaneio, meu amigo deu um pulo e cedeu a cadeira à pessoa que ele esperava que salvaria o seu dia.

— Bob me pôs a par do que ele tentou fazer — Steve disse e começou a digitar. Nada aconteceu. O programa ainda não abria. Meu amigo perguntou a Steve se ele sabia como consertar.

— Sei que algo está fazendo com que o processador fique travado, mas ainda não sei o que é. No entanto, vou descobrir isso em alguns minutos.

Qual pessoa você desejaria que estivesse trabalhando em seu computador? Meu amigo certamente sentiu-se mais confiante com o sujcito que possuía e declarou possuir referências. Pelo menos Steve tinha um senso de direção, ainda que não houvesse detectado o problema exato. Steve acabou consertando o computador do meu amigo. Ao sair, ele disse que tinha certeza de que Bob teria descoberto também. De qualquer modo, meu amigo ficou contente com o fato de Bob ter saído para o almoço.

Todos nós enfrentamos situações incertas. Em que áreas você é menos confiante a respeito de um resultado positivo? A sua tendência é focar no que você não sabe? Ao dizer o que você sabe (seja para outra pessoa, seja para você mesmo), você estará derrotando a impotência e libertando a sua mente para a busca de soluções.

2. Cultive o cuidado — e expresse isso de fato

Mais de 400 executivos de várias áreas das maiores empresas dos Estados Unidos responderam a uma pesquisa feita pela Opinion Research Corporation (Empresa de Pesquisa de Opinião) sobre como eles escolhiam uma empresa aérea para suas freqüentes viagens. Os executivos avaliaram vários fatores. E, mais do que a rápida liberação da bagagem ou do *check-in* eficiente, o aspecto de maior importância para a grande maioria foi como a empresa aérea "cuida de seus clientes".[4]

Todos sabemos o quanto nós, como clientes, valorizamos o bom serviço. Estou falando do serviço pessoal, daquele prestado por uma pessoa real, viva, seja atrás de um balcão seja do outro lado da

---

[4] Patricia SELLERS, "What Customers Really Want", *Fortune*, 4 de junho de 1990, 33.

linha telefônica. Cuidado é a diferença entre um "dar de ombros" com um "Não há nada que eu possa fazer" e um confiante aceno com a declaração "Vejamos o que eu posso fazer por você".

Em outra pesquisa realizada por William Wilsted, consultor da Ernst & Young, empresa de consultoria e auditoria com clientes no ramo bancário, de alta tecnologia e industrial, considerou-se o "toque pessoal" — o compromisso do representante da empresa e se ele ou ela se lembra do nome do cliente — o elemento mais importante na área de serviços. Isso sobrepujou todos os demais fatores, mesmo a conveniência, a rapidez de entrega e as qualidades de funcionamento do produto.

É engraçado como tratamos essa força vital sem dar muita importância. "Tenha cuidado" (em inglês, *Take care*), dizemos ao caixa do supermercado que registra nossas compras. "Tenha cuidado", dizemos ao final de uma conversa telefônica com um conhecido. Você sabia que a palavra *care* (cuidado, em inglês) vem da palavra *kar* em alemão, que originalmente significava "triste"? Isso sugere que uma pessoa cuidadosa também se sente triste quando outra está triste. Em outras palavras, o cuidado é um tipo de compaixão que permite a nós — mecânicos, corretores, professores, comerciantes, pais — entrar no mundo de outra pessoa e sentir o que elas sentem. O cuidado diz que o que acontece a você acontece a mim.

No momento em que você tem cuidado (se preocupa) com a dificuldade de outra pessoa — seja uma bagagem extraviada, quando você trabalha para uma companhia aérea, seja o choro de uma criança, se você é professor — é então que você se empenha e transfere a auto-eficácia. Por quê? Porque é verdade o que diz o antigo ditado: "As pessoas não se importam com o quanto você sabe até saberem o quanto você se importa". Sua compaixão e confiança inspiram e confortam outras pessoas, tornando mais fácil para *elas* acreditar em um resultado positivo.

Em meu papel como professor universitário, vejo esse princípio funcionar todos os dias. Meus alunos não ligarão a mínima para os meus diplomas até saberem que eu me preocupo com o que eles aprendem comigo. E, quando sou capaz de convencê-los de quanto estou comprometido com o futuro de cada um deles, não posso fazer quase nada errado diante de meu dedicado público.

3. Maneje o otimismo como se fosse uma arma

Isso pode parecer um tanto extremo, mas o otimismo *pode* ser uma questão de vida ou morte. Um recente estudo realizado com mil pessoas com idade entre 65 e 85 anos demonstrou isso. Ao final do período de dez anos de estudo, os pesquisadores constataram que as pessoas que se consideravam otimistas tinham 55% menos risco de morte por causas gerais, e 23% menos risco de morte relacionada a problemas cardíacos.[5]

Um dos exemplos mais reveladores do poder do otimismo vem de outro estudo realizado por Martin Seligman sobre um vendedor de seguros da MetLife. Qualquer um que trabalhe com vendas sabe que é essencial aceitar a rejeição com graça. Isso é especialmente verdade com um produto como seguro, no qual a proporção de "nãos" em relação aos "sims" é desanimadoramente alta. De fato, a recusa nessa área é tão ruim que cerca de 75% dos vendedores de seguro desistem nos primeiros três anos. Por meio de seu estudo, Seligman descobriu que os vendedores novos, que eram por natureza otimistas, vendiam 37% mais em seus dois primeiros anos de trabalho do que

---

[5] E. GILTAY, "Dispositional Optimism and All-Cause and Cardiovascular Mortality in a Prospective Cohort of Elderly Dutch Men and Women", *Archives of General Psychiatry* 61, novembro de 2004: 1126-35.

seus colegas pessimistas. E os otimistas ficaram no emprego mais tempo do que os pessimistas.

Impressionada com essas constatações, a MetLife permitiu que Seligman realizasse um estudo de acompanhamento. Dessa vez eles contrataram somente candidatos que não haviam passado nos testes de aptidão específica, mas haviam obtido uma boa pontuação no teste de otimismo. Seria o otimismo um trunfo sobre as outras qualidades consideradas necessárias ao sucesso em vendas? O resultado foi evidente. Este grupo superou as vendas dos pessimistas em 21% no primeiro ano, e em 57% no segundo.[6]

> As crenças das pessoas a respeito de suas habilidades têm um efeito profundo sobre essas habilidades.
>
> **Albert Bandura**

Agora você sabe que o otimismo pode beneficiá-lo; mas como aumentá-lo na sua própria forma de pensar e agir? Para os vendedores bem-sucedidos, a resposta está na maneira como eles explicam o fracasso a si mesmos. Para um vendedor, cada "não" recebido é uma pequena derrota. E, à medida que os "nãos" se avolumam, o moral pode deteriorar-se, tornando mais difícil continuar tentando. No entanto, tal rejeição é duplamente difícil para o pessimista, porque ele explica o "não" para si mesmo dizendo: "Eu não sou bom nisto; nunca conseguirei fechar uma venda" — explicação que certamente aciona a impotência.

Os otimistas, ao contrário, dizem a si mesmos: "Estou usando a abordagem errada" ou "A última pessoa estava apenas de mau humor". Não tomam a rejeição em sentido pessoal, por isso acreditam que os contatos de vendas seguintes serão melhores. O otimismo é como uma espada afiada que corta os obstáculos ao fortalecimento.

---

[6] Daniel GOLEMAN, *Emotional Intelligence*. New York: Bantam, 1995.

Conte até 3 para você se fortalecer

Comecei este capítulo com uma história real de minha parada no aeroporto O'Hare, de Chicago. Lembra-se da funcionária diligente com relação ao vôo para Minneapolis? Como mencionei, ela é um ótimo exemplo de alguém que sabe como se fortalecer. Ao recorrer a uma placa escrita a mão para corrigir o placar eletrônico enguiçado, ela disse o que sabia em vez do que não sabia, mostrou que se importava em fazer as coisas funcionar a contento para seus clientes e foi otimista ao acreditar que sua solução corrigiria o problema.

> Em toda parte, da cultura popular ao sistema de marketing, há uma pressão constante para fazer com que as pessoas se sintam incapazes, acreditando que o único papel que elas podem desempenhar é ratificar decisões e consumir.
>
> **Noam Chomsky**

Mas o que não contei foi que, quando ela tomou aquela simples iniciativa para melhorar a situação, os passageiros da sala de espera aplaudiram seu esforço. Ouviram-se aplausos de toda parte vindos de um grupo de estranhos que queria agradecer a uma mulher a quem nunca vira antes. As pessoas de outras partes do terminal olharam em nossa direção para entender por que estávamos aplaudindo. No entanto, o que mais notei naquele momento foi o seu colega incapaz. Ele podia tê-la aplaudido também. Podia ter dito: "Eu gostaria de ter pensado nisso". No entanto, ao contrário, ele simplesmente deu de ombros e menosprezou a cena, como se quisesse dizer: "O que importa?".

E ali estava em cores vivas: a linha divisória entre os que dão tudo de si e os que não pensam duas vezes. É uma mera decisão, tomada apenas em três segundos, para se fortalecer e fazer "tudo aquilo que é importante".

> **Perguntas para auto-reflexão**

1. Tem sido dito que o nosso compromisso para conseguir o sucesso pode ser medido por aquilo que nos desencoraja. O que isso significa para você? O que está desencorajando você atualmente? Como esse desencorajamento está tornando você mais incapaz do que você realmente é?

2. Circunstâncias, pessoas e problemas pessoais difíceis certamente podem afetar a nossa capacidade de nos importarmos quando estamos no meio de uma situação. Em vez de agir de modo reativo, que decisões proativas você pode tomar que o capacitarão a agir de uma maneira diferente?

3. O otimismo é a primeira arma para combater a impotência, todavia é quase sempre a mais difícil de manejar. Em que situações você acha mais difícil ser otimista? Depois de ler este capítulo, de que maneiras específicas você pode focar o lado positivo dessas situações no futuro?

2

Conte até 3 para...
você aceitar um bom desafio

Fazer o impossível é uma forma de diversão.

Walt Disney

    Seth Gary tem gerenciado alguns dos melhores hotéis do mundo. Quando ainda estava na faculdade como um de meus alunos, ele começou por baixo trabalhando como atendente no Hotel Olímpico Quatro Estações, em Seattle. Essa postura por fim o levou a gerenciar um resort cinco estrelas na Califórnia e, depois, um resort no Havaí.

    Recentemente jantei com Seth e, sabendo que eu estava escrevendo este livro, ele me fez perguntas a respeito de alguns capítulos. Quando mencionei este tópico — "aceite um bom desafio" —, ele disse imediatamente em tom de brincadeira:

    — Em resumo, essa é a minha carreira.

    — O que você quer dizer com isso? — perguntei.

— Foi a primeira coisa que aprendi no negócio de hotelaria, e ainda se aplica ao dia-a-dia do meu trabalho — ele respondeu.

— De fato, isso está tão impregnado em mim que se aplica a muito mais do que apenas ao meu trabalho.

Fiquei imediatamente intrigado. Na hora que se seguiu, tirei de Seth história atrás de história sobre como ele aprendeu a aceitar um bom desafio — e como isso o levou para onde ele está hoje.

Um exemplo que Seth me contou foi quando ele era gerente da noite no Hotel Quatro Estações.

— Era por volta das 6 da manhã quando um hóspede veio até mim com uma oportunidade — ele disse.

— Oportunidade? — perguntei.

— Certo. No meu negócio não chamamos de problemas. Os hóspedes nos trazem "oportunidades".

Eu tomava notas em um guardanapo enquanto Seth falava.

Ele vinha de Chicago a negócios e havia chegado tarde da noite anterior porque faria uma apresentação em uma importante reunião às 8 da manhã. Sua empresa aérea tinha perdido uma de suas malas e prometera que a entregaria durante a noite — mas não havia entregue. Ele estava com a mala que continha as camisas, as gravatas e alguns itens pessoais, mas não a mala em que estavam os ternos e os sapatos. Estava desesperado quando chegou ao balcão de atendimento naquela manhã.

> O recurso mais valioso que alguém leva para o trabalho e para a empresa é a criatividade.
>
> Annette Moser-Wellman

— E o que você fez? — perguntei.

— Bem, era cedo demais para telefonar para qualquer loja local. Elas não estavam abertas àquela hora. Tentei telefonar para a Nordstrom para ver se algum funcionário já havia chegado e talvez estivesse repondo os estoques, mas ninguém atendeu ao telefone. Depois de mais alguns telefonemas para lojas de artigos masculinos ali de perto, dei-me conta de que as opções se estavam esgotando. Então me ocorreu uma idéia. O gerente de uniformes do hotel que morava ali perto. Telefonei para ele, que chegou em trinta minutos.

— Não me diga que você fez o executivo vestir um uniforme — eu disse.

— Não exatamente — Seth continuou. — Mas demos a ele uma calça preta e eu lhe emprestei um casaco esporte que estava disponível em nossa sala de jantar. Combinou bem com a calça de uniforme que o gerente ajustou com capricho. Só faltava um par de sapatos. Claro, não temos estoque de sapatos para hóspedes ou empregados. Perguntei-lhe se por acaso ele calçava o número 42. Bem, calçava. Assim, tirei meus sapatos e entreguei-lhe engraxados e polidos, e o nosso hóspede saiu para sua apresentação como se nada tivesse acontecido. Ele teve até tempo de tomar uma xícara de café antes de sair.

— E você trabalhou o restante do seu turno sem sapatos?

— Você entendeu. Duas horas depois eu liderei, de meias, a reunião matinal da gerência. Meus colegas adoraram.

— Certo. E esse tipo de coisa só acontece no Hotel Quatro Estações, certo? — joguei na mesa, abrindo caminho para novas histórias.

— Não sei, mas aprendi desde o começo como é valioso aceitar um desafio — não importa onde você trabalhe ou o que faça. Suponho que eu poderia dar de ombros e dizer àquele hóspede que não havia nada que eu pudesse fazer por ele. Afinal, nada em minha descrição de cargo, mesmo em um local de prestação de serviço amigável como o meu hotel, dizia alguma coisa a respeito de emprestar meus próprios sapatos. Eu adoro um desafio, contudo.

E eu sabia que podia fazer aquele sujeito ganhar seu dia, para não falar de sua apresentação, se mostrasse alguma iniciativa e fizesse tudo o que estivesse ao meu alcance.

O que é exatamente um desafio?

Você notou aquela pequena frase usada por Seth? Ele disse: "Eu adoro um desafio". Esse é o sentimento de qualquer um que sabe fazer "tudo aquilo que é importante". Então, eu pergunto: Você adora um desafio? Você encara os problemas como oportunidades ou obstáculos?

Vamos começar esclarecendo a palavra "desafio". A definição do dicionário é bem simples: É um chamado para o envolvimento em uma competição, luta ou disputa. Lembra a imagem de um duelo. Acredito que isso é aceitar um desafio. É refutar a idéia que diz: "Não há nada que eu possa fazer". É contestá-la. É combatê-la. É duelar com ela e derrotá-la. Quando você aceita um desafio, grande ou pequeno, está atrevendo-se. Está reunindo coragem para ver possibilidades onde a maior parte das pessoas nem sequer ousa considerar.

Qualquer estudante da história dos Estados Unidos sabe que Susan B. Anthony é um dos grandes exemplos americanos de coragem. Defensora do direito ao voto na virada do século XX, ela possuía uma mente perspicaz e uma grande habilidade de inspirar as pessoas. Ignorando a oposição em cada esquina, Anthony viajou e fez palestras por todo o território norte-americano a fim de garantir o voto a qualquer cidadão. Ela permaneceu ativa em sua causa durante a vida toda, sempre exortando seus seguidores a continuar lutando pelo objetivo ao qual se dedicavam. Um pouco antes de sua morte em 13 de março de 1906, ela lhes deixou estas derradeiras palavras: "Fracassar é impossível".

Não pode ser dito muito mais do que isso. Esse é o credo de qualquer um que aceita um desafio. Se você está aceitando o desafio relacionado a uma grande injustiça ou a um minuto de dificuldade, isso implica acreditar que o fracasso não é uma opção.

> Não estamos perdidos. Estamos desafiados quanto à nossa posição.
> John M. Ford

Se você está naturalmente inclinado a "envolver-se em uma disputa, luta ou competição" quando defrontado com um desafio, considere-se parte de uma minoria. Esse não é o primeiro impulso natural para a maioria de nós. Por quê? Porque é bem mais fácil desistir, ceder e nem considerar a possibilidade de uma chance de lutar.

A razão principal pela qual as pessoas resistem ao desafio

George Danzig estava no quarto ano de faculdade na Universidade Stanford durante a Grande Depressão.* Todos os formandos sabiam que estariam na fila de desempregados quando se formassem. Havia uma chance mínima de que os melhores alunos da classe conseguissem um emprego de professor. George não estava entre os melhores da classe, mas esperava conseguir emprego se obtivesse uma boa classificação no exame final.

Ele estudou tanto para o exame que chegou tarde à sala de aula. Quando entrou na classe, os outros alunos já haviam começado a prova. Envergonhado, ele apenas pegou as folhas de prova e se esgueirou em direção à sua carteira. Viu que, além

---

* A Grande Depressão, fenômeno econômico que atingiu os Estados Unidos e todo o restante do mundo na década de 1930, quando a Bolsa de Valores de Nova York teve uma queda estrondosa e os índices de desemprego se tornaram calamitosos [N. do T.].

dos oito problemas em sua folha de testes, havia mais dois escritos no quadro negro. Trabalhou com afinco nos oito problemas nas folhas de prova que estavam em seu poder, depois começou a fazer os dois que estavam registrados no quadro. No entanto, por mais que tivesse tentado, não conseguiu resolver nenhum deles. Ficou arrasado. Dos dez problemas, ele sabia que, com certeza, dois tinham ficado por fazer. No entanto, exatamente quando estava prestes a entregar a prova, aproveitou a oportunidade e pediu ao professor mais tempo para trabalhar nos dois problemas que ele não tinha terminado. Ficou surpreso quando seu professor concordou e lhe deu mais dois dias.

Danzig correu para casa e mergulhou com ímpeto naquelas equações. Depois de várias horas, conseguiu encontrar a solução para apenas uma delas. Sem tempo para resolver o outro problema, devolveu a prova. Tinha certeza de que havia perdido a chance de um emprego. Foi o momento mais sombrio de sua vida.

Na manhã seguinte bem cedo, Danzig foi acordado por batidas à sua porta. Ao abrir, deparou com seu professor de matemática, muito empolgado.

— George! George! — ele gritava. — Você fez história na matemática!

Ele não sabia a respeito do que o seu professor estava falando, por isso o mestre explicou. Antes do exame, ele havia feito uma preleção à classe sobre a necessidade de continuar tentando apesar dos obstáculos e dos fracassos.

— Não desanimem — ele havia aconselhado os estudantes.

— Lembrem-se, existem problemas clássicos que ninguém pode resolver. Mesmo Einstein foi incapaz de desvendar seus segredos.

Aqueles eram os dois problemas que ele escrevera no quadro-negro. Contudo, como George havia chegado tarde à classe e perdido as observações iniciais, não sabia que os problemas do quadro estavam lá apenas como ilustrações. Ele não tinha idéia de que eram considerados impossíveis de resolver. Pensava que eles faziam parte de sua prova e estava determinado a resolvê-los. Surpreendentemente, o jovem acabou resolvendo um deles! Ele havia feito o impossível.

O trabalho de Danzig foi publicado no *International Journal for Higher Mathematics*, e ele conseguiu um emprego como professor assistente em Stanford durante o auge da Depressão.

Quais eram as chances de George Danzig tentar solucionar os dois problemas do quadro se tivesse ouvido falar que eles eram impossíveis de ser resolvidos? Sem dúvida, teria sido como qualquer outro aluno de sua classe, que simplesmente pegou a prova e a devolveu. Ele poderia ter sido desencorajado por aquilo que eles representavam: que até as mais privilegiadas mentes matemáticas não tinham conseguido resolver nenhum dos dois problemas. Foi somente pelo fato de não saber que eles eram impossíveis que o fez tentar. É exatamente por isso que tantas pessoas resistem ao desafio. Desistimos porque nos dizem que é impossível superá-lo ou porque nós mesmos assim acreditamos.

Outra grande razão pela qual as pessoas desistem antes de tentar

As pessoas resistem a um desafio não somente por acreditar ser impossível enfrentá-lo; elas desistem porque francamente enfrentar desafios dá um bocado de trabalho. E muitos de nós realmente não gostamos de trabalhar. Tentando parecer ocupados, nós realizamos aparentemente muitas funções sem fazer de fato qualquer coisa produtiva. Os piores infratores são como George Costanza, personagem da série humorística de TV *Seinfeld*. Evitar trabalhar é um de seus objetivos na vida. Em um episódio, quando ele descobre que a maneira de evitar novas tarefas é parecer preocupado, ele tira disso o máximo proveito. Quando o chefe lhe pede ajuda em um projeto, ele faz uma pausa dramática, assume uma expressão aflita e balança a cabeça. E o chefe diz:

— Vejo que você já está muito ocupado. Não se preocupe com isso.

Eu presenciei essa atitude em meu primeiro emprego. Quando ainda estava no colégio, eu trabalhava em um emprego de verão com uma equipe de manutenção da faculdade local. Fazíamos de tudo, desde pintar as portas dos dormitórios até plantar novos arbustos e reunir as cadeiras das salas de aula. Cada dia era diferente do outro, mas tínhamos uma constante — o intervalo no meio da manhã. Era quando íamos à loja de rosquinhas para um descanso de 20 minutos.

O que eu observava, mesmo sendo adolescente, era que alguns funcionários da equipe procuravam prolongar o intervalo o mais que podiam. Andavam mais devagar quando iam e quando voltavam do intervalo. Perdiam a noção do tempo enquanto comiam suas rosquinhas. Ou justificavam mais dez minutos antes de voltar ao trabalho por terem começado uma tarefa mais cedo.

Em outras palavras, aqueles rapazes trabalhavam para não trabalhar tanto como os outros. E quando voltávamos ao local de trabalho, era surpreendente como aquele mesmo grupo encontrava razões para não se empenhar. As costas deles podiam "ter problemas", por exemplo, exatamente quando era preciso levantar algo pesado. E assim eles ficavam apenas observando.

Com o passar dos anos tenho visto o mesmo fenômeno em variados cenários. Você também. Seja um professor titular que não mais produz, um supervisor ausente, um balconista preguiçoso demais para conferir o estoque, ou um vendedor que nunca melhora seu desempenho por já ter atingido sua quota de vendas, eles todos se opõem a fazer algo mais do que a sua obrigação. Ouvimos essas pessoas dizer: "Não vale a pena se estressar", ou "Vou deixar isso para outra pessoa". Elas são simples espectadoras. Seja qual for o trabalho, elas preferem sentar-se e observar os outros fazendo o serviço pesado.

A marinha norte-americana tem um termo para os marinheiros que costumam relaxar em suas obrigações. Ela os chama de "marinheiros-problema desmotivados". A sigla militar é "PR", de "pouco realizador". No entanto, não é apenas no exército que se encontram os PR. Em qualquer emprego existem pessoas procurando o caminho mais fácil. Elas valorizam mais o conforto do que a coragem. E o que elas não sabem é que a sua inatividade, a sua falta de iniciativa, a sua resistência a solucionar os problemas são de fato prejudiciais à sua carreira — e possivelmente à sua saúde.

Por quê? Porque o conforto em excesso é perigoso. Literalmente.

Pesquisadores da Universidade da Califórnia, em Berkeley, fizeram há algum tempo uma experiência que ilustra dramaticamente esse assunto. Uma ameba foi introduzida em um ambiente perfeitamente livre de tensão: temperatura ideal, concentração ótima de umidade, suprimento constante de alimento. A ameba vivia em um ambiente ao qual não tinha de fazer ajuste algum. Em outras palavras, ela não tinha desafios. Não precisava trabalhar. Não estava submetida a nenhuma tensão.

Todavia, por estranho que pareça, a ameba morreu.

Aparentemente existe algo a respeito de todos os seres vivos, até as amebas, que exige desafio.[1] Nós precisamos de mudança, de adaptação e de desafio. O conforto acaba conosco. No entanto, a

---

[1] Chris PETERSON, "Optimism and By-pass Surgery", in *Learned Helplessness: A Theory for the Age of Personal Control*. Nova York: Oxford University Press, 1993.

maioria das pessoas continua a resistir aos desafios. Elas desistem antes mesmo de tentar.

Por que você deve aceitar o desafio

Quando você aprende a aceitar o desafio, eleva a qualidade de sua vida. "O desafio é um dragão com um presente na boca", disse a autora Noela Evans: "Domestique o dragão, e o presente será seu". Aqui estão cinco presentes específicos que essa qualidade lhe proporcionará:

Aceitar desafios leva você para mais longe

Quando trabalhei naquele emprego de verão com a equipe de manutenção, não demorei muito para descobrir quem dentre nós iria a alguma parte e quem teria uma viagem curta. Você já deve ter experimentado a mesma sensação em todos os empregos nos quais já tenha trabalhado. É possível examinar o seu ambiente e prontamente ver quem está a caminho da ascensão. Como saber? Invariavelmente, a pessoa a caminho da ascensão está disposta a aceitar desafios.

Kevin Lunn, consultor de alto desempenho da Deloitte & Touche, de Kansas City, disse-me que sua companhia está continuamente procurando colaboradores que saibam como agarrar novas oportunidades. Em suas palavras, "não existe receita sem iniciativa". Em outras palavras, seus melhores realizadores estão atentos a oportunidades de "acréscimos" que possam transformar um projeto de curto prazo em outro maior. Eles não se satisfazem a simplesmente ir ao campo para realizar seu trabalho; vêem como podem estender o trabalho ajudando o cliente a resolver outros desafios. De fato, eles estão, no sentido real, à espreita de novos desafios que possam ser enfrentados. Não somente os aceitam; eles os perseguem. E é essa qualidade que os leva para mais longe. Esses são os colaboradores que conseguem as melhores oportunidades, ganham mais e são promovidos. Isso é verdade em qualquer área. As pessoas que aprendem a aceitar desafios vão mais longe.

Aceitar desafios aumenta a sua alegria

Enquanto o pouco realizador acredita que o caminho fácil é encontrado evitando-se o desafio, ele está, na verdade, perdendo o puro prazer da realização. Penso que era isso o que Pearl Buck tinha em mente ao dizer: "O segredo da alegria no trabalho está contido em uma palavra — excelência. Saber como fazer algo bem-feito é desfrutá-lo".

Não longe de minha casa em Seattle há uma pequena padaria que se esmera em agradar a seus clientes. Se você quer certo tipo de biscoito que eles não têm em estoque, volte no dia seguinte que eles terão. Se você quer uma torta de mirtilo e essa não for a fruta da estação, eles procuram a fruta onde for e acabam fazendo a torta. Se você quer um bolo de casamento feito com uma antiga receita de família, leve a receita e eles o farão para você.

— Por que não se ater aos itens que vocês fazem e ficar com eles? — perguntei a Julie, a proprietária.

— Que graça tem isso? — ela respondeu. — Um desafio novo é o que me mantém animada a vir trabalhar. — E acrescentou:

— Há certa alegria em fazer o trabalho bem-feito.

E existe. Pergunte a qualquer um que domina a arte de aceitar desafios. Na verdade nem é preciso perguntar. Pode-se ver no rosto deles. Eles encontram grande alegria na realização.

Aceitar desafios mantém o seu otimismo

Como observei no capítulo anterior, o otimismo protege as pessoas contra a impotência. E, se você está à procura de uma maneira concreta de gerar otimismo em seu próprio espírito, tudo o que tem de fazer é aceitar autenticamente o desafio. O otimismo não deixa de acompanhar esse tipo de iniciativa.

O explorador inglês George Mallory sonhou com a conquista do monte Everest, mas morreu em sua última tentativa. Uma história apócrifa a respeito de Mallory conta que amigos dele na Inglaterra convidaram os sobreviventes da última expedição para um banquete em homenagem a Mallory e seu intrépido grupo. Ao final, um integrante da equipe sobrevivente ficou em pé e olhou em volta da sala para as fotos de Mallory e de seus companheiros que haviam morrido na tentativa. Depois, em lágrimas, voltou-se para um imenso quadro do monte Everest, atrás da mesa de jantar.

— Monte Everest — ele disse —, você nos derrotou uma vez, você nos derrotou duas vezes, você nos derrotou três vezes. No entanto, algum dia nós vamos derrotá-lo, porque você não pode crescer; nós podemos!

Aquele grupo de amigos permaneceu otimista porque ainda aceitava seu desafio. Não podiam perder a oportunidade e aquilo mantinha viva a esperança. Como eu disse, agindo assim você só irá gerar otimismo.

> Às vezes na vida é preciso decidir não ouvir o que as outras pessoas estão dizendo... Se eu tivesse ouvido os outros, não teria escalado o monte Everest.
>
> **Stacy Allison, primeira mulher norte-americana a alcançar o pico do Everest**

Aceitar desafios deixa você resistente

Jack Badal, um tratador de animais, convidou seu amigo Gary Richmond para ver um fenômeno interessante: uma girafa de Angola dar à luz. Ele ficou perto de Jack, observando a elegante criatura enquanto ela ficava em pé. Foi quando os cascos dianteiros e a cabeça do filhote se tornaram visíveis.

— Quando ela vai se deitar? — Gary perguntou a Jack.

— Ela não vai — ele respondeu.

— Mas sua anca está a quase três metros do chão! — ele exclamou. — Ninguém vai aparar o filhote?

— Se você quiser, tente — Jack respondeu —, só que a mãe tem força suficiente nas patas traseiras para arrancar sua cabeça com um coice.

Logo o filhote foi arremessado com força para fora, caindo de costas no chão. A mãe esperou cerca de um minuto, depois chutou o filhote, mandando-o que se esticasse por completo.

— Por que ela fez isso? — perguntou.

— Ela quer que o filhote se levante.

Sempre que o filhote parava de se esforçar para ficar em pé, a mãe o estimulava com um pontapé amável. Finalmente o filhote se levantou — mancando, mas se ergueu. A mãe estimulou seus pés novamente!

— Ela quer que o filhote se lembre de como se levantou — Jack propôs. — Na selva, se ele não acompanhar rapidamente a manada, os predadores podem pegá-lo.[2]

Muitos de nós vemos os desafios como intromissões pouco bem-vindas em nossa vida. Entretanto, essas intromissões são uma maneira de nos impulsionar a ficar em pé e continuar avançando. Elas são uma forma de nos tornar mais fortes, mais resistentes. Sempre que você aceita um desafio, tenha certeza de estar construindo suas habilidades de sobrevivência. Pense em uma empresa que sofreu uma "reengenharia". Os que nunca aprenderam a lidar com um desafio são os primeiros a ir embora, certo? E, mesmo que não sejam, os que aceitam desafios são os primeiros a sair do

---

[2] Gary RICHMOND, "It's a Jungle Out There", *Men of Integrity*, 15 de dezembro de 2004.

indômito território do desemprego. Afinal, é simplesmente uma questão de tempo para que se coloquem em pé novamente.

Aceitar desafios mantém você crescendo

Talvez o mais importante benefício que essa qualidade venha a lhe dar é a irreprimível capacidade de se manter crescendo. Tal como a história de Joãozinho e o pé de feijão, você chegará mais perto do céu a cada desafio que aceitar. Por quê? Porque os desafios fazem você crescer. Eles o puxam e o empurram de uma maneira que você não imagina que pudesse crescer.

O elástico é uma ilustração perfeita disso. Ele é feito para esticar. Quando não está sendo esticado, ele é pequeno e relaxado, mas nesse formato não está fazendo aquilo para o qual foi criado. Quando ele se estica, aumenta de tamanho; torna-se tenso e dinâmico e realiza aquilo para o qual foi feito.

Ralph Waldo Emerson disse: "A menos que você tente fazer algo além daquilo que já domina, você nunca irá crescer". Concordo plenamente. E qualquer pessoa que tenha aprendido o valor de aceitar desafios sabe disso exatamente.

Aceitando um bom desafio

O crítico literário Donald Hall fez ao famoso escultor inglês Henry Moore a fascinante pergunta:

— Agora que o senhor tem 80 anos, deve conhecer o segredo da vida. Qual é?

Moore fez uma breve pausa, tempo suficiente para sorrir, e respondeu:

— O segredo da vida — disse, pensativo — é ter uma tarefa, algo que você faça a vida toda, algo que você faça tudo despertar, cada minuto do dia durante a vida toda. E o mais importante é: deve ser algo que você possivelmente não consiga fazer.[3]

Então *existe* uma lição de vida: faça alguma coisa que possivelmente você não teria condições de fazer! Isso traduz a essência de aceitar um bom desafio.

> Todos os que realizaram grandes feitos tinham um grande objetivo e conservavam os olhos fixos em uma meta elevada e que às vezes parecia impossível alcançar.
>
> Orison Swett Marden

Os otimistas se atrevem. Adoram um objetivo que esteja além do seu alcance. Chegam a evitar o menor temor de fracasso enquanto se voltam para o problema e se elevam para enfrentar o desafio.

Fazem todas essas coisas e muito mais. Entretanto, deixe-me apresentar três ações práticas que ajudam você no sentido de cultivar essa qualidade.

Troque os problemas por "oportunidades"

Você observou uma importante declaração feita por Seth na história que inicia este capítulo? Ele disse: "Os hóspedes nos trazem oportunidades". Adoro essa frase. Da mesma forma agem aqueles que são receptivos ao desafio. O problema, a meu ver, é que muitas pessoas que prestam serviço a clientes podem concordar com isso, mas somente em grande escala. Todos nós gostamos de histórias dramáticas e singulares a respeito de solucionar desafios (tais como a de literalmente emprestar seus sapatos a um cliente), mas, se você de fato quer dominar essa qualidade, precisa praticá-la também quando surgirem os pequenos desafios.

---

[3] John BYRNE, "Celebrating the Extraordinary", *Fast Company*, 14 de janeiro de 2005.

Permita-me dar um exemplo de algo que aconteceu recentemente com minha esposa. Ela estava comprando alguns itens em um supermercado muito conhecido. Quando entregou o cartão de crédito à funcionária do caixa, esta lhe pediu que ela mesma passasse o cartão na máquina.

— A tarja magnética atrás do cartão tem um corte e não funciona — minha esposa disse à caixa.

A mulher examinou o cartão, passou, ela mesma, na máquina e, como era de esperar, a tarja magnética não estava funcionando. Com isso ela deu um suspiro, resmungou alguma coisa e disse:

— Vou precisar de outra forma de pagamento.

— O cartão ainda é válido; você terá de digitar o número manualmente — Leslie insistiu.

— Não gostamos de fazer isso porque, se houver o erro de um número, o débito será feito para a pessoa errada — a caixa reclamou.

— Bem, eu não tenho outra forma de pagamento; você quer que eu devolva as compras que fiz?

— Dê-me o cartão — disse a caixa, irritada.

Você já passou por isso? Claro. Todos nós já passamos. Todos já tivemos de insistir com uma pessoa mal-humorada na linha de frente do serviço ao consumidor que não quer resolver o menor dos desafios.

É por isso que, enquanto você aprende a aceitar mais desafios, quero insistir para que você esteja mais atento às pequenas "oportunidades". Pense na diferença que faria à minha esposa como cliente daquela loja se a caixa tratasse a situação da seguinte maneira:

>*Leslie:* — A tarja magnética no verso do meu cartão está riscada e não funciona.
>
>*Caixa:* — Não tem problema. Posso digitar o número manualmente.

Leslie: — Fico grata; desculpe-me pelo incômodo.
Caixa: — Não por isso. Só preciso ter certeza de digitar o número correto.

Teria sido simples. Todos os dias você encontra oportunidades de aceitar um pequeno desafio. E, sempre que você age assim, treina o seu cérebro para desafios maiores que certamente virão.

Vacine-se contra as críticas

Como garoto criado na Nova Inglaterra, eu passei a maior parte dos meus verões na costa rochosa do Maine. E todos os garotos daquela parte do país aprendem uma ou duas lições dos pescadores que lidam com vasilhas de lagosta e armadilhas para caranguejo naquela parte da praia. Nunca vou esquecer uma lição aprendida aos 12 anos de idade, sem querer, de um pescador de um embarcadouro de York Harbor. Ele me mostrou como é fácil um caranguejo escapar de uma armadilha — e por que isso nunca acontece.

Os caranguejos são ágeis e espertos o bastante para escapar de qualquer armadilha preparada para eles, mas são pegos aos milhares diariamente. Por quê? Porque eles possuem uma característica particularmente humana.

A gaiola de arame da armadilha, que contém a isca, tem um buraco em cima. Quando a armadilha é posta na água, o caranguejo logo entra na gaiola. E então vem o segundo caranguejo. E o terceiro. No final, a armadilha acaba ficando cheia de caranguejos, e a isca terá sido totalmente devorada. É então que acontece uma coisa surpreendente entre os caranguejos. Um deles subirá por um dos lados da gaiola para escapar pelo buraco — mas os outros não o deixam. Empurram-no de volta para baixo. Repetidas vezes. Por quê? Uma teoria é que o caranguejo que se sente apanhado se apoiará em qualquer coisa para subir e escapar. Infelizmente, se todos os caranguejos que estão na armadilha fizerem a mesma coisa (e eles fazem), então, em vez de subir, eles acabam empurrando uns aos outros para baixo. Resultado: nenhum caranguejo consegue escapar.

Você pode ter certeza de uma coisa — os caranguejos sempre impedem uns aos outros de obter sucesso.

Você já se sentiu na pele de um caranguejo tentando escapar de uma armadilha? Você já teve vontade de desistir porque as pessoas ao seu redor o desanimaram de continuar? Você ouve críticas que procuraram impedi-lo de até mesmo tentar?

> Coragem é estar morrendo de medo e, mesmo assim, preparar-se para dar a volta por cima.
>
> **John Wayne**

Claro. Quem não tem essa experiência?

A diferença entre as pessoas que obtêm sucesso e aquelas que fracassam não é se elas ouvem ou não críticas. Qualquer um recebe críticas! A diferença está em como a crítica é tratada.

Quando você aceita um desafio, talvez ouça que não está qualificado para enfrentá-lo. Talvez ouça que é um sonhador ou um idealista. Talvez ouça que outros tentaram enfrentá-lo e fracassaram. Talvez ouça que está perdendo seu tempo. Ou talvez ouça que simplesmente você não tem o que é importante.

E se Einstein tivesse dado ouvidos a Robert Millikan, ganhador do Prêmio Nobel de 1923, quando este último afirmou: "Jamais haverá a probabilidade de o homem liberar a energia do átomo"?

E se os irmãos Wright tivessem dado ouvidos ao presidente da Sociedade Real Inglesa em 1885, que declarou: "É impossível existir uma máquina voadora mais pesada do que o ar"?

E se Henry Ford tivesse dado ouvidos ao Congresso Norte-Americano de Estradas, que afirmou: "É um sonho inútil imaginar que os automóveis venham a substituir as ferrovias nas deslocações de passageiros a longa distância"?

E se Bill Gates tivesse dado ouvidos a Ken Olsen, presidente da Digital Equipment Corporation, quando este sacramentou: "Não existe razão para todas as pessoas terem computador em casa"?

E se Lance Armstrong tivesse dado ouvidos aos críticos e céticos que lhe disseram que obter sete vitórias consecutivas no terrível Rally da França era impossível — para não mencionar a possibilidade de vencer o câncer?

Vou repetir: A diferença entre as pessoas que obtêm sucesso e aquelas que fracassam ao enfrentar um desafio não está no fato de elas ouvirem críticas ou não. A diferença está no fato de elas cederem ou não a essas vozes críticas e desistirem ou não de tentar.

A negatividade é uma força poderosa, mas não para a pessoa comprometida em "fazer aquilo que é importante". Você não a encontrará chafurdando sob comentários críticos. Ela está ocupada demais descobrindo soluções que seus críticos jamais tentaram experimentar.

Esteja disposto a enfrentar a avaliação honesta

Tenho de confessar que existe uma diferença entre vacinar-se contra as críticas e estar aberto à avaliação honesta. A primeira situação está totalmente relacionada a resistir às críticas que colocam você para baixo, e a última diz respeito a ouvir o que, por fim, pode fazer você elevar-se a alturas ainda maiores. Deixe-me ilustrar isso com uma história pessoal.

Um dos maiores desafios que já enfrentei foi subir ao palco diante de uma audiência e tornar-me um conferencista. Era algo que eu me sentia chamado a fazer, mas do qual eu morria de medo. Com o tempo e a prática, comecei a me sentir mais à vontade nesses cenários, contudo no íntimo eu sabia que ainda não tinha superado o desafio. Pelo fato de continuar recebendo convites para falar, eu sabia que era um bom conferencista. No entanto, eu queria ser um melhor conferencista. Eu queria superar os meus temores. E eu sabia que nunca seria o melhor possível se não estivesse disposto a enfrentar a avaliação honesta.

Foi quando pedi uma avaliação do meu desempenho. Há mais de vinte anos, comecei entregando formulários de avaliação à minha audiência. Ainda me encolho de medo quando penso em alguns dos comentários que li naqueles cartões. Pedi também a palestrantes que eu respeito para criticarem minhas fitas. Nossa! Eles foram amáveis, porém sinceros. Há pouco tempo, contratei em Nova York uma profissional nessa área e que treinou os melhores conferencistas e novos âncoras dos Estados Unidos. Imagine só enfrentar a avaliação! Ela nunca enfeitou suas palavras. Ia sempre direto ao assunto e não enfraquecia. Com honestidade brutal, ela dizia algo como: "Lá vai você de novo. Por que você tem de se apoiar na tribuna desse jeito? Parece preguiçoso". Ou: "Você não está enunciando os pontos mais importantes. Está tímido demais. Fale claro e alto". Ou: "Seu rosto não parece acreditar no que sua boca está dizendo".

Como eu disse, ela não enfeitava as palavras. E eu devo a ela muito da minha carreira de conferencista. Sem uma avaliação honesta, é quase impossível aprender a arte de aceitar um desafio, seja ele qual for.

Por isso, se você quer aprender realmente a enfrentar tudo o que se colocar no seu caminho para "fazer aquilo que é importante", deve pedir a uma pessoa em sua vida que o obrigue a enfrentar a avaliação.

Permita-me ressaltar o ponto com uma história verdadeira do filme *Música do Coração*. É baseado na vida de Roberta Guaspari, interpretada por Meryl Streep.[4] Roberta é uma mãe solteira que

---

[4] *Música do Coração*, escrito por Pamela GRAY, dirigido por Wes CRAVEN. Nova York: Miramax, 1999.

ensina violino a alunos de um bairro de Nova York. Sua paixão e compromisso inspiraram milhares de jovens a vencer na música e na vida. E ela os capacitou fazendo-os enfrentar a música.

Em uma cena, Roberta se reúne com o diretor da escola e com a mãe de um aluno que argumenta que Roberta grita com os alunos. Roberta argumenta que só o faz quando eles não prestam atenção. A mãe pergunta:

— Você não disse que eles estavam deixando seus pais doentes?

Roberta sorri meio sem jeito e explica que não havia dito exatamente aquilo.

A mãe insiste:

— Eu estou criando Becky em um ambiente encorajador. Não a mandei à escola para ser maltratada.

Roberta responde:

— Estou apenas tentando ensinar-lhes disciplina, é só. Para aprender um instrumento difícil, é preciso levar a sério. Tem de haver foco. É preciso prestar atenção.

O diretor interrompe Roberta e lhe diz para abrandar seus comentários. Relutante, Roberta concorda. Na cena seguinte, Roberta está dando instruções aos alunos, todos de 10 anos. Eles estão fora de sincronia, brincando muito, e sabem disso. Roberta faz uma pausa e diz:

— Bem, foi muito bom. Não tão mau.

Os alunos ficam surpresos, e um deles diz:

— Não foi. Estivemos muito mau.

Roberta responde:

— Bem, eu não diria dessa forma. Apenas diria que as pessoas poderiam praticar um pouco mais.

Ela pergunta a um aluno se ele praticou, e ele responde que não. Ela o encoraja a tentar um pouco mais para a semana seguinte.

— Tudo o que você tem de fazer é dar o melhor de si.

Um dos alunos pergunta:

— Roberta, por que você está agindo assim, boazinha?

— Bem, vocês não querem uma professora boazinha?

Ele responde que já tem professoras boazinhas e quer variedade.

> O maior desafio de qualquer pensador é expor um problema de forma que permita uma solução.
>
> **Bertrand Russell**

Outro aluno diz:

— Gostamos mais de você do jeito que era.

Todos os alunos concordam.

— Concordo — diz uma aluna. — Isto é pior ainda. Você está agindo de maneira estranha, agora.

Roberta sorri e diz:

— Certo, retiro o que disse. Vocês estão péssimos!

Todos riem.

— Não falem a seus pais que eu disse isso. Vamos repetir o exercício. Sem erros desta vez. Levantem-se direito.

Qualquer pessoa que leve a sério melhorar aceitando um desafio precisa de uma Roberta Guaspari na vida. Não sei quem pode ser essa pessoa para você. Pode ser o seu chefe, um colega que você respeita, um mentor experiente, seu melhor amigo. Seja quem for, eles precisam ouvir esse pedido diretamente da sua boca. Eles precisam ouvir você pedir-lhes para falar à sua vida. Eles precisam ouvir você insistir com eles para que sejam honestos. Eles precisam compreender o seu objetivo e como eles podem ajudá-lo a atingir.

Assim, quem é a pessoa que pode ajudar você a se destacar ao enfrentar os desafios da vida? É provável que você já tenha essa pessoa em mente. Tudo o que tem de fazer é pedir. No entanto, se não lhe ocorre ninguém, você precisa encontrar essa pessoa especial que irá ajudá-lo a enfrentar o desafio e que esteja disposta a falar com sinceridade à sua vida. Você precisa encontrar sua Roberta Guaspari. E, quando isso acontecer, você ficará surpreso com a rapidez com que começará a tocar.

Conte até 3 para você aceitar um bom desafio

Aqui estão os três passos para ajudar você em sua caminhada: (1) não despreze as oportunidades de aceitar um desafio, (2) vacine-se contra críticas que querem colocar você para baixo e (3) convide alguém para fazer uma avaliação sincera em sua vida.

Antes de encerrar este capítulo, quero lembrar você do poder de uma simples frase: "Adoro um desafio". Vou repetir: Essas três palavras são como um mantra para qualquer um que faça "tudo aquilo que é importante". Diga isso a você mesmo agora mesmo — leva só três segundos. Você notará que apenas o fato de proferi-las em teoria — sem relacioná-las a um desafio específico — realmente potencializa uma atitude vencedora. E, se você disser essas palavras em voz alta ao enfrentar um desafio, descobrirá seu verdadeiro poder.

Ao escrever este capítulo, tenho de limitar o número de histórias que já consegui contar a respeito de pessoas que praticam o hábito de aceitar um desafio. Reuni uma quantidade aparentemente interminável de narrativas inspiradoras de pessoas que venceram desafios grandes e pequenos, para conseguir algo grande. De fato, se eu apenas me concentrasse nas histórias que colecionei sobre pessoas que aceitaram o desafio de vencer nos

Jogos Olímpicos, poderia facilmente encher um livro de excelentes conquistas.

Não quero sobrecarregar você com uma lista dessas pessoas inspiradoras, por isso me permita apresentar apenas uma. Seu nome é Wilma Rudolph.

Wilma foi a 20ª filha de um total de 22 irmãos (alguém pode dizer que quem aceitou o desafio foi sua mãe!). Nascida prematuramente, os médicos não esperavam que Wilma sobrevivesse. Ela sobreviveu, mas aos 4 anos de idade contraiu pneumonia dupla e escarlatina, o que a deixou com a perna esquerda paralisada e um pouco deformada. Ela aprendeu a andar com a ajuda de um suporte metálico.

> O que não nos mata deixa-nos mais fortes.
> **Friedrich Nietzsche**

Aos 9 anos de idade, ela decidiu retirar o suporte metálico e andar sem ele. E andou. Aos 13, desenvolveu um andar rítmico. No mesmo ano, decidiu começar a correr. E correu. Entrou em sua primeira competição e chegou em último lugar.

Durante os três anos seguintes, Wilma chegou bem atrás em todas as competições que entrou. Entretanto, ela continuou correndo, e um dia venceu. Por fim a garotinha que não se esperava que vivesse, e depois, que não conseguisse andar, ganharia três medalhas de ouro nos Jogos Olímpicos de 1960, em Roma.

Você pensa que Wilma adorava um desafio? Pode apostar. E é bem provável que você também adore. No entanto, se você é tentado a ceder ao primeiro impulso e diz: "É difícil demais até mesmo para tentar", pense em Wilma. Imagine o número de vezes que ela teve de lutar contra o mesmo impulso. Imagine o número de vezes que ela teve de duelar com essa atitude para vencer!

Imagine o número de vezes em que ela gastou três segundos para dizer a si mesma: "Adoro um desafio". E imagine como isso alimentou seu talento para fazer "aquilo que dá resultado".

Perguntas para auto-reflexão

1. Você se identifica com Seth Gary, o gerente de hotel do início deste capítulo? Você pode ver a si mesmo aceitando um desafio semelhante, em uma situação idêntica, se estivesse na pele dele? Por que sim? Por que não?

2. Quando defrontado com um desafio, o seu primeiro impulso é dizer que é difícil demais, ou você fica inclinado a fazer uma honesta tentativa de enfrentar um bom desafio? Qualquer que seja a sua resposta, que exemplos pessoais você tem para demonstrar sua propensão?

3. O capítulo mostra várias razões para você aceitar um desafio: ele o leva para mais longe, aumenta a sua alegria, mantém o seu otimismo, deixa você resistente e o mantém crescendo. Quais dessas razões o motiva mais e por quê?

4. Em que momento, se é que ele existe, você mais provavelmente encara os "problemas" como "oportunidades"? Você já tratou uma situação difícil dessa forma? Em que isso contribuiu para o aumento da sua capacidade?

5. Talvez um de seus desafios atuais se origine diretamente deste capítulo — o de "enfrentar a avaliação honesta". Se você leva a sério se tornar melhor pela aceitação de um desafio, precisa de alguém que faça uma avaliação honesta de sua vida. Alguém que fale francamente de você. Quem é, ou quem pode ser, essa pessoa?

3

Conte até 3 para...
você alimentar sua paixão

*Somente paixões, grandes paixões, podem
elevar a alma a grandes coisas.*

Denis Diderot

Em todos os outonos eu dou aulas a uma classe de alunos universitários com o objetivo de ajudá-los a formar uma visão para a vida deles. Trata-se de um curso optativo, não exigido para conclusão do curso ou especialização. Por isso, os alunos que comparecem vêm de todas as direções. Alguns são estudantes de enfermagem, outros de administração, psicologia, história ou ciência da computação. Alguns ainda estão tentando colocar suas idéias em ordem.

Tenho cerca de 20 dias de palestras distribuídas em várias semanas para ajudá-los a formar uma visão pessoal do futuro — uma visão que encherá a vida deles de significado e paixão. O tipo de visão que estimula a batida do coração deles. O tipo de visão que não é um meio, mas uma recompensa em si mesma.

Não falo a eles a respeito de como obter um bom emprego ou planejar uma carreira. Abarroto minhas palestras com sabedoria antiga e com as últimas pesquisas sobre como viver a vida aproveitando plenamente cada dia que passamos neste planeta. Em resumo, faço o melhor que posso para dar a esses alunos um "momento de definição" que eleve a visão e mude o curso da vida deles.

> Seja qual for o caminho que você decida seguir, sempre há alguém para dizer que você está errado. Sempre surgem dificuldades para fazê-lo crer que seus críticos estão certos. Traçar um curso de ação e segui-lo até o fim exige... coragem.
>
> **Ralph Waldo Emerson**

Não é uma façanha pequena ter uma sala cheia de jovens de 20 e poucos anos. Metade deles é tão passiva que mal tem planos para o fim de semana, quanto mais para a vida. E a outra metade é tão idealista que acredita que portas se abrirão de par em par automaticamente para o futuro dos sonhos assim que terminar a faculdade. É por isso que, ao final de cada semestre de outono, fico pensando se o curso realmente tem importância. É o curso mais difícil de dar — não para os alunos, mas para mim. Escrevo e reescrevo minhas palestras todos os anos. Faço um esforço enorme para coordenar trechos de clipes de vários filmes com histórias inspiradoras da vida real para ilustrar os assuntos de minhas palestras. Vasculho meus contatos para achar algumas "lições vivas" — pessoas que conheço e que são visionárias e apaixonadas — para virem à sala de aula e compartilharem suas histórias. Faço tudo o que posso para despertar o interesse dos meus alunos, mas, no final do semestre, nunca tenho certeza se consegui.

Não me interprete mal. Sei o valor da aula. Sei que o conteúdo é sólido. Sei que ela é sempre inspiradora. O que não sei é se a mensagem que prego faz alguma diferença na vida dos meus alunos depois que o semestre termina. Contudo mais tarde, com bastante freqüência, recebo uma carta que me mantém motivado. A última veio de Dave, um aluno que esteve em minha aula cerca de cinco anos atrás.

> Se alguém avança confiantemente na direção de seus sonhos e se empenha em viver a vida que imaginou, encontrará o sucesso que não esperava nos momentos comuns.
>
> **Henry David Thoreau**

Prezado dr. Parrott:

Não sei se o senhor se lembra de mim, mas me senti compelido a mandar-lhe esta carta. Estou escrevendo de Jacarta, Indonésia, onde estou trabalhando para uma empresa de calçados mundialmente conhecida. É o emprego dos meus sonhos, e eu não o teria se não tivesse freqüentado o seu curso.

Na época, o meu objetivo principal era me formar (o primeiro em minha família) e encontrar um emprego decente quando voltasse para o Oregon. Contudo, certo dia, na sua aula, o senhor nos fez escrever o que faríamos com nossa vida se "sonhássemos grande" — se não existissem as barreiras do tempo, do dinheiro e da educação.

Ainda tenho as anotações que escrevi naquele dia. Eu disse que queria viver em Beaverton, Oregon, e, por fim, gerenciar a loja de artigos esportivos onde meu pai e meu irmão trabalham. O senhor leu o que eu escrevi e me desafiou.

— Esta é realmente a sua paixão? — o senhor me perguntou.

— Isto faz o seu coração acelerar?

Ninguém jamais havia falado comigo a respeito da minha visão. Antes da sua aula, eu nem sequer havia pensado nela.

Por isso, com o seu estímulo, escrevi que o que realmente queria era trabalhar para a Nike. Novamente o senhor me desafiou a ser específico. Por isso escrevi que queria ser vice-presidente, fazer viagens internacionais e usar meu emprego para fazer o bem no mundo, principalmente às crianças menos afortunadas. O senhor me fez imaginar isso. O senhor me fez descrever meu dia ideal em meu emprego ideal.

Bem, foi na sua aula que me inspirei e formei um quadro claro para o meu futuro. Há dois anos viajo pelo mundo promovendo torneios de futebol para crianças que, em alguns casos, nunca teriam um par de sapatos se não fosse pelas coisas que estou fazendo. Esperamos alcançar 3 milhões de crianças em 39 países nos próximos dois anos! É emocionante demais e não consigo acreditar que eu esteja sendo pago para fazer isso!

De qualquer forma, achei que o senhor gostaria de saber que elevou minha visão quanto ao que eu podia fazer com a minha vida e eu sempre vou ser grato por isso.

Esse é o tipo de carta que todo professor deseja receber. Ela nos faz lembrar que o trabalho que estamos realizando tem importância. Nutre a nossa paixão pelo ensino. E a paixão é o que nos faz avançar. Junto com a visão, a paixão trabalha em nós de dentro para fora, motivando-nos a continuar trabalhando e nos esforçando.

O que a paixão fará por você

"As pessoas incapazes de se motivar devem contentar-se com a mediocridade", disse Andrew Carnegie, "não importa que seus outros talentos sejam impressionantes". Carnegie devia saber. Foi um homem que alcançou sucesso

> O capital não é escasso; a visão é.
> Sam Walton

por conta própria e, na década de 1800, se tornou o filantropo mais rico do mundo.

Quem quer se contentar com a mediocridade? Ninguém que tenha paixão! Uma pessoa motivada não se conforma com nada que não seja grande. É por isso que a paixão é sempre a diferença decisiva entre a mediocridade e a grandeza. Se uma pessoa tem paixão, você pode ficar relativamente certo de que ela ajustou suas prioridades para atingir a grandeza e cultivou a persistência necessária para chegar lá.

A paixão organiza as prioridades

Se você mal pode colocar comida na mesa, perseguir uma paixão é uma indulgência temerária, certo? E assumir um projeto complexo é a última coisa em que deve pensar enquanto trabalha arduamente em momentos difíceis. Todavia, foi exatamente isso que a escritora J. K. Rowling fez durante a fase mais problemática de sua vida. Depois de terminar seu primeiro casamento, ela era uma mãe recente e sozinha, lutando para sustentar a filha em uma nova cidade na qual não conhecia praticamente ninguém. Em meio a essas circunstâncias, Rowling assumiu o compromisso com sua paixão por escrever e com sua visão de se tornar uma escritora conhecida. "Eu estava muito deprimida e tinha de conseguir alguma coisa. Sem o desafio, eu teria ficado completamente doida".

Era o ano de 1994 e, quando sua filhinha, Jessica, adormecia, Rowling passeava com ela até o café mais próximo, aproveitando os momentos de sossego para rabiscar freneticamente as histórias de Harry Potter, o menino mágico. O restante é história literária. Rowling, que recebia ajuda do programa social, agora é considerada mais rica do que a rainha da Inglaterra. Isso nunca teria acontecido sem paixão. Por causa de sua paixão, Rowling fez imensos sacrifícios. Sua prioridade máxima foi escrever seu livro, mesmo quando isso significou depender da assistência pública.

A paixão impulsiona a persistência

"O desejo ardente de ser ou fazer alguma coisa nos dá a capacidade de persistir", diz a educadora e autora Marsha Sinetar. Ela está falando de paixão, qualidade que capacita alguém a colocar-se em pé e a começar de novo depois de uma frustração. Desde que toda grande visão está carregada de frustração e retrocessos ao longo do caminho, a paixão é essencial para a nossa capacidade de persistir.

Todd Huston sabe disso melhor que ninguém. Ao ver um anúncio à procura de alpinistas interessados em bater novos recordes, ele imediatamente entendeu a visão. O objetivo era bater o recorde de velocidade de escalada nas elevações mais altas de cada um dos 50 estados do território norte-americano. O recorde permanecia apenas cem dias. Aquela era uma meta que mexia com a paixão de Todd. Ele procurou conselho de alpinistas experientes e treinou muito. E, à medida que se aproximava abril de 1994, data da largada, ele estava mais preparado.

Tudo correu bem até fevereiro. Então a organização patrocinadora telefonou para Todd e lhe disse que os recursos para a expedição tinham sido suspensos. O projeto havia sido cancelado. Todd ficou arrasado — todo o seu planejamento e treinamento tinham sido em vão. Entretanto, quanto mais ele analisava suas opções, mais se dava conta de uma coisa: apesar de os recursos não existirem mais, sua paixão permanecia viva.

Todd começou imediatamente a buscar fundos para conservar ativa a sua visão. Chamou seu projeto de "Cume da América" e disse a si mesmo e a seus patrocinadores: "Se Deus quiser, vou encontrar uma forma de realizar essa expedição". Seu trabalho duro e sua determinação deram resultado. Em junho, só dois meses depois da data original de largada, Todd iniciou sua primeira escalada do monte McKinley, no Alasca. Um por um, ele conquistou o ponto mais alto de cada estado norte-americano.

No dia 7 de agosto de 1994, apenas 66 dias depois da largada, Todd escalou o último cume, no Havaí. Sua expedição bateu o último recorde de escalada por 34 dias. Todd venceu muitos obstáculos e realizou seu sonho — "Cume da América".

Entretanto, existe mais uma coisa que você precisa saber a respeito de Todd, um detalhe que o tornava um alpinista muito improvável. Treze anos antes do "Cume da América", Todd Huston teve a perna direita amputada pela hélice de um barco. Ao terminar suas escaladas em 66 dias, ele quebrou o recorde das pessoas "aptas". Por causa de sua fé e paixão pessoais, Todd, o mais improvável alpinista, tornou-se um alpinista campeão.

Aos vencedores sempre se pergunta: "Onde você encontra sua energia? Como consegue fazer tantas coisas?". Essas perguntas são feitas por se achar que as pessoas têm um segredo para sua produtividade. Que elas devem saber algo que as outras não sabem. No entanto, se existe algum segredo, ele está em uma única palavra: paixão.

Você pode imaginar Pablo Picasso entrando contra a vontade em seu ateliê e obrigando-se a pintar para cumprir seu horário? Claro que não. A imagem é absurda. Ele não conseguia deixar de pintar. Aquilo era sua paixão. Havia ocasiões em que ele tinha de se esforçar para comer porque sua pintura o absorvia durante horas a fio.

Entretanto, você não precisa ser um artista famoso para experimentar esse tipo de paixão. Um mecânico de carros ou um soldador podem encontrar paixão no que fazem. Eu tenho um amigo que adora o desafio de descobrir o que faz uma máquina funcionar. Isso começou quando ele era garoto, consertando o abridor de latas elétrico de sua mãe. No último verão, ele não conseguia encontrar um sistema borrifador de água do jardim de sua esposa, por isso ele mesmo projetou e construiu um no porão. Na verdade, quem andar pela casa dele descobrirá todos os tipos de aparelhos mecânicos que ele construiu. Do guarda-sol elétrico na cozinha à caixa de areia autolimpante para o gato, ele dedica inúmeras horas de seu tempo a esse tipo de coisa. Ele adora isso. Deixa de assistir a TV ou de ir ao cinema para trabalhar em sua oficina.

Os psicólogos chamam esse fenômeno de "fluir". É o estado em que nos entregamos ao nosso trabalho. Quando experimentamos o fluir, parece que lidamos com tudo sem esforço e nos adaptamos com agilidade às exigências de mudanças. A motivação está embutida naquilo que estamos fazendo, e isso nos dá prazer por si mesmo.

Pense desta forma: muitos de nós, pais, tentamos motivar nossos filhos por intermédio de um sistema de recompensas. Por exemplo: "Se você terminar esta página de problemas de matemática, eu lhe darei uma barra de chocolate". Transformamos o fazer uma coisa desagradável — resolver problemas de matemática — em algo agradável. Se uma criança não tem paixão intrínseca por uma tarefa, temos de encontrar um motivador externo. Na qualidade de pai de um aluno do primeiro grau, sei disso por experiência. Às vezes parece pura agonia para o meu filho aprender uma lista de palavras ou o nome de cada estado.

Claro, nós, adultos, podemos ser motivados por recompensas externas a fazer coisas que, de outra forma, não faríamos. Se você não gosta do seu trabalho, se você raramente vivencia o estado de "fluir", provavelmente está lá por causa do salário. Entretanto, este é o ponto: para a pessoa com paixão por seu trabalho, a recompensa está no que ela faz. A recompensa se encontra no "fluir" sempre que ela se dedica à sua visão. O meu trabalho faz isso para mim. Não é assim que você gostaria de viver?

Os incentivos tradicionais perdem o motivo de ser quando se trata de atingir o nosso melhor absoluto. Para chegar ao degrau mais alto, as pessoas precisam gostar do que fazem e encontrar prazer em fazê-lo.

A paixão começa com uma visão

Assim, o que você faria se, de repente, se visse completamente rico, sem necessidade de nunca mais trabalhar? Se pudesse fazer o que quisesse com sua vida, você faria o que está fazendo neste exato momento? Você é como Dave, meu aluno, que não consegue acreditar que está sendo pago para fazer o que adora?

Se for, você está entre a minoria. No entanto, se não for, quero mostrar como você pode encontrar paixão por aquilo que faz com sua vida. O primeiro passo sempre é desenvolver uma visão. A exemplo dos meus alunos, muitos de nós deixamos que a vida simplesmente aconteça, enfrentando apenas aquilo que surge à nossa frente. Todos os que já vivenciaram a alegria da paixão, contudo, começaram com uma visão. Eles viram *além* de suas circunstâncias. Aqui está o que eu quero dizer:

- Em 1774, John Adams declarou corajosamente: "Vejo, um dia, uma união de 13 estados, uma nova nação, independente da Inglaterra". Aquilo parecia impossível na época. Todavia, apenas alguns anos depois, contra todas as probabilidades, nasceu a nova nação norte-americana.

- No final de 1800, os irmãos Wright disseram: "Um dia as pessoas vão voar". Dez anos depois de terem feito essa declaração, seu aeroplano subiu aos céus de Kitty Hawk, Carolina do Norte.

- Em 1907, Henry Ford disse a um pequeno grupo de empregados: "Um dia os automóveis estarão ao alcance de quase todas as famílias norte-americanas". Quinze anos depois, sua empresa mal conseguia dar conta da fabricação dos Modelos Ts.

- Na década de 1920, Robert Woodruff, presidente da Coca-Cola durante mais de três décadas, disse: "Um dia todo soldado poderá comprar uma garrafa de Coca-Cola por cinco centavos em qualquer parte do mundo".* Embora o preço tenha mudado, a Coca-Cola é vendida agora em mais de 200 países.

- Na década de 1940, Billy Graham e um grupo de amigos seus disseram: "Um dia vamos encher estádios no mundo todo para que as pessoas possam ouvir o evangelho ao vivo e pela televisão". Hoje, mais de um bilhão de pessoas já participou de pelo menos uma dessas cruzadas.

- Em 1974, Bill Gates e Paul Allen se colocaram na Harvard Square* e disseram: "Um dia todas as casas terão um computador pessoal — e nós podemos fornecer os programas (software)". Mais de cem milhões de computadores pessoais são usados pelas pessoas diariamente.

---

* A citação foi feita após o pedido na época do general Eisenhower para que Woodruff mandasse dez engarrafadoras de Coca-Cola para o outro lado do Atlântico a fim de que houvesse mais refrigerantes perto das áreas de combate [N. do T.].

* Esquina de encontro de estudantes em Cambridge, Massachusetts, é também o nome de uma associação de negócios que reúne interessados em empreendimentos promissores [N. do T.].

A paixão de cada um nasceu de uma visão, um quadro real do futuro. Eles puderam vê-lo. E, no caso de Robert Woodruff, puderam até sentir o gosto.

❄

Uma vez capturada a visão para o futuro — e o papel que você desempenha nela —, nasce a paixão. De fato, como sempre digo aos meus alunos: *A visão é um quadro do futuro que faz nascer a paixão no presente.*

E, a propósito, não acredito que você tenha apenas uma única visão para a sua vida; além disso, se ela não está com vocês desde os tempos da faculdade, é uma pena. Não desanime, porém. Acredito sinceramente que a nossa visão vai mudando com o tempo. Mesmo que meus alunos descubram uma visão durante as minhas aulas, é improvável que continuem perseguindo exatamente a mesma visão vinte, dez ou mesmo cinco anos depois. É uma boa notícia que você não tenha 21 anos de idade ao ler este livro. Não importa sua idade, ou quanto tempo você caminhou sem ter uma visão, nunca é tarde demais para descobrir algo que possa perseguir com paixão.

Uma vez que você compreenda, ainda que não completamente, o que o seu futuro pode oferecer-lhe, uma vez que você compreenda o quadro potencial do que pode vir a ser a sua vida, a paixão é possível. A Bíblia diz isso da seguinte maneira: Onde não há revelação divina, o povo se desvia.[1] A visão é essencial para uma vida bem vivida porque ela sempre garante a paixão. Sem visão, o nosso prazer em viver se esvaece, e nós acabamos perambulando, como zumbis, pela existência.

---

[1] Provérbios 29.18.

Como capturar sua visão

Comecemos pelo óbvio: você capta a idéia que desperta a sua paixão quando abre os olhos para vê-la. Isso pode parecer evidente, contudo, muitas pessoas estão cegas à visão que pode orientar sua vida. Perguntaram, certa vez, a Helen Keller:*

— O que seria pior do que nascer cego?

Ela respondeu:

— Poder enxergar sem ter uma visão.

Para muitas pessoas, esse é exatamente o caso. Gostei muito de ouvir o que aconteceu quando a Disney World foi inaugurada na Flórida em 1971. Infelizmente, Walt havia morrido em 1966. Sua viúva foi convidada a falar na inauguração do parque. Durante sua apresentação, o mestre de cerimônia disse:

— Sra. Disney, eu só gostaria que Walt pudesse ter visto isto.

Ela ficou em pé no pódio e disse:

— Ele viu.

E ela tem razão. Walt viu muito antes de qualquer outra pessoa porque tinha uma visão clara. Então, como agir para ter um quadro claro da visão? Quero ajudar você a fazer exatamente isso. Se estivéssemos sentados um de cada lado da mesa, eu lhe faria perguntas a respeito de suas experiências na vida, a respeito do que você lê ou vê na TV. Gostaria de saber que novas histórias prendem sua atenção. Gostaria de saber sobre alguma tragédia que você tenha presenciado ou sofrido. Ou se existe uma estatística particular que abala os seus ânimos. Gostaria também de saber se você tem algum modelo de atuação e se algum dia sentiu como se Deus o estivesse chamando para algo que você nem mesmo compreende. Por que todas essas questões aparentemente sem nexo? Por que essas são as áreas mais prováveis pelas quais você

---

* Escritora e ativista social norte-americana, Helen Keller (1880-1968) defendeu os direitos dos portadores de deficiência.

deve capturar sua visão — desde que saiba olhar. Por isso eu dedico a parte principal deste capítulo a ajudá-lo a examinar os lugares mais evidentes para encontrar uma visão.

A emoção pode direcionar uma visão

Em uma manhã clara de 1971, acima do rio McKenzie nos arredores de Eugene, Oregon, o treinador Bill Bowerman e sua esposa, Barbara, sentaram-se para o café da manhã. Olhando para os waffles no prato, porém sem comê-los, Bowerman estava experimentando uma revelação atlética. Ele via o futuro de calçados de corrida.

Em seus 22 anos de carreira como treinador de atletismo na Universidade de Oregon, Bill Bowerman demonstrou sua paixão por corridas. Ele estava sempre à procura de formas de melhorar o desempenho de seus corredores, tentando dar-lhes a melhor instrução e o melhor equipamento. Quando ele calculou que só 28 gramas retirados do sapato de um corredor dos 1.500 metros significava que o atleta deixaria de levantar 5.600 gramas em uma corrida, ficou ansioso por encontrar sapatos leves de corrida. Ao ver que as marcas existentes não atendiam à sua necessidade, Bowerman procurou meios de fazer seus próprios sapatos. Para isso, ele se associou a um de seus ex-alunos, Phil Knight, e juntos eles fundaram a Blue Ribbon Sports em 1964.

Naquele dia de 1971, enquanto comia seus waffles, Bowerman reconheceu uma inovação — e com ela a oportunidade de melhorar o treinamento, a tração e os tempos de corrida. Com grande pesar, Barbara logo viu o marido despejar borracha em sua torradeira de waffles. Quando terminou a experimentação, Bowerman havia

> Jamais algo grande foi conseguido sem entusiasmo.
>
> **Ralph Waldo Emerson**

criado os modernos calçados com sola em formato de waffle. Em 1972, a Blue Ribbon Sports evoluiu para a marca mais conhecida atualmente: Nike. A paixão de Bill Bowerman por correr o fez começar a busca por calçados melhores. E essa busca abriu seus olhos para uma nova visão para *criar* esses calçados.

O amor de Bill Bowerman pela corrida e seu intenso desejo de equipar seus corredores para terem sucesso deram-lhe uma visão. E sua busca por essa visão, de acordo com muitos entusiastas de corrida, mudou a história das corridas e das competições.

Às vezes o seu coração impele você a perseguir uma visão, assim como aconteceu com Bill Bowerman. Outras vezes, a visão se move furtivamente, cutucando e estimulando-o, até capturar completamente o seu coração. Foi o que aconteceu com Kevin Bradley. Mais de quinze anos atrás, Bradley foi atraído pelo mundo alucinante e endinheirado de Wall Street. Como corretor de títulos em Baltimore, Bradley e sua esposa, Marilyn, viviam confortavelmente.

A exemplo da maioria das grandes cidades, Baltimore tinha sua parcela de pessoas sem-teto nas ruas. Todos os dias Kevin passava por dúzias deles ao ir para o trabalho. A maioria dos homens de negócios andava depressa e evitava o contato visual. No entanto, alguma coisa dentro de Kevin achava aquilo impossível. Diferentemente dos demais, ele passou a conhecer as pessoas por onde passava. Aprendeu o nome delas, levava-as com freqüência para tomar o café-da-manhã e era atencioso em ouvi-las.

— Fiquei realmente interessado em saber quem realmente elas eram e como haviam chegado ao lugar onde estavam — diz Bradley.

> Pare de dizer a você mesmo que os sonhos não têm importância, que são apenas sonhos e que você deveria ser mais sensível.
>
> Julie Cameron

À medida que conhecia os sem-teto, começava a sentir um chamado. Aquilo o fazia lembrar-se de um chamado para o ministério que ele havia sentido quando jovem. Gradualmente uma visão se formou em seu coração para um ministério dirigido aos sem-teto. Em 1991, depois de muita oração e estudo bíblico, Bradley saiu do emprego e deu início ao Community Outreach Center (Centro Comunitário Alcance), com a missão de ajudar os sem-teto a se tornar cidadãos independentes que se mantivessem por conta própria. Hoje a sua organização, agora com o nome de Outreach Foundation (Fundação Alcance), serve aos sem-teto de Baltimore atendendo às suas necessidades imediatas e oferecendo-lhes treinamento.

O Programa de Treinamento de Habilidades Asas da Vida, desenvolvido por Bradley, é um programa motivacional e espiritual que ensina homens e mulheres a direcionar seus talentos inatos e desejos para carreiras produtivas. O programa Asas está sendo usado por organizações em todo o território norte-americano. E, com vários apoios financeiros, a Outreach Foundation continua crescendo.[2] Ironicamente, a visão que Kevin Bradley descobriu o levou a ajudar outras pessoas a também a encontrar uma visão e uma paixão.

Aos 5 meses de idade, em 1979, Laura Lamb tornou-se a mais jovem tetraplégica do mundo quando ela e sua mãe, Cindi, foram atingidas de frente por um motorista bêbado perto de sua casa em Maryland. O delinqüente, reincidente, estava dirigindo a quase 200 quilômetros por hora. Menos de um ano depois, na Califórnia, do outro lado do país, Cari Lightner, de 13 anos, era assassinada. O motorista bêbado que havia provocado sua

---

[2] Randy BISHOP, "From Wall Street to the Streets", *Christian Reader*, setembro/outubro de 2001, 69.

morte havia saído da cadeia só dois dias antes, sob fiança, após sua quarta infração por dirigir embriagado. Ele estava dirigindo com uma carteira de habilitação válida na Califórnia.

Enfurecida, a mãe de Cari, Candace Lightner, reuniu as amigas e organizou um grupo chamado "MCMB: Mães Contra Motoristas Bêbados" (MADD: Mothers Against Drunk Drivers, em inglês). Logo, Lightner e Lamb juntaram forças e a MCMB expandiu-se nacionalmente. Hoje a associação tem mais de 600 unidades em todos os 50 estados norte-americanos. E a visão da MCMB ainda as impele com inflamada paixão. "A MCMB", elas dizem, "não fechará suas portas até que todos os motoristas bêbados parem de tirar vidas inocentes".

Bowerman e Bradley foram motivados pelo desejo de atender a uma necessidade. Lamb e Lightner foram impulsionadas pela dor. Por meio dessas emoções, eles tiveram uma visão para atender às necessidades que enfrentaram. Eu acredito que o primeiro lugar para procurar uma visão é sempre o coração. Desde que a visão e a paixão estejam sempre intimamente ligadas, o seu coração é a fonte mais provável de visão. Para examinar seu coração, faça a você mesmo perguntas como estas: O que mexe com minha alma? O que me irrita? O que me deixa triste? Examine o que causa esses sentimentos, e você provavelmente já terá uma visão pela qual se apaixonar.

> O intenso desejo de ser ou de fazer alguma coisa nos dá capacidade de suportar — uma razão para levantar todas as manhãs ou nos preparar e começar de novo depois de uma frustração.
>
> **Marsha Sinetar**

A informação pode transmitir uma visão

— A única coisa que equilibra a irracionalidade de ouvir um astro irlandês de rock falar sobre esses assuntos — diz Bono, vocalista de 42 anos da banda de rock U2 — é a importância dos assuntos propriamente ditos.

Bono, astro irlandês de rock, vem falando nos últimos anos a respeito de dois temas: pobreza e Aids. Ele assumiu a missão de comunicar uma visão para resolver esses problemas — especificamente no continente africano. No passado, muitas pessoas ricas e famosas abraçaram causas fúteis — sem muita credibilidade ou influência. Então, por que Bono consegue a atenção de empresários, políticos, músicos e magnatas? Como ele foi parar na capa da revista *Time* como uma das três personalidades do ano em 2005?

Bono inspira visão e obtém sucesso ao convocar as pessoas à ação porque está escorado no poder de fatos e estatísticas. O nome de sua organização, Data, pode ser tanto um acrônimo (dependendo da audiência, será "dívida, Aids, transação, África", ou "democracia, apoio e transparência na África") como um lembrete do seu foco sobre os fatos. As outras duas personalidades que, como ele, foram destaque do ano — Bill e Melinda Gates —, escolhidas pelo seu foco nos assuntos da saúde mundial, no começo ficaram relutantes em reunir-se com o cantor.

— A saúde mundial é um assunto imensamente complicado — diz Bill Gates, lembrando do seu primeiro encontro em 2002.

— Realmente não se resume a uma análise do tipo "sejamos bons". Por isso eu pensava que uma reunião não teria tanto valor.

Gates rapidamente descobriu que Bono entendia do assunto.

— Ele sempre foi a pessoa determinada que nós somos — disse Patty Stonesifer, chefe da Fundação

> Amar o que você faz e sentir que isso tem importância — como algo pode ser mais prazeroso?
>
> Katharine Graham

Gates. — Acontece que ele é um sujeito determinado e um músico fantástico.³

Outros tiveram a mesma experiência. No governo norte-americano, Bono impressionou tanto os democratas quanto os republicanos com o seu conhecimento da causa.

— Se você realmente quer ser efetivo, deve apresentar algo útil além de carisma — diz Rick Santorum, senador republicano conservador pela Pensilvânia. — O importante é que Bono entende do assunto mais do que 99 % dos membros do Congresso.

Nancy Pelosi, democrata, encontrou-se com Bono pela primeira vez no obscuro aeroporto Washington Dulles, na Virgínia.

— Em um curto período de tempo, eu vi um impressionante conhecimento e um profundo compromisso de corresponder às expectativas — diz Pelosi. — Quero dizer, ele veio a Dulles.⁴

A seguir, alguns dos fatos que Bono usa para apoiar seu argumento de que a situação na África é "uma questão moral definida do nosso tempo".

- A Aids e a miséria tiram a vida de 6.500 africanos por dia.
- Mais de 28 milhões de africanos são soropositivos, e 2,3 milhões morreram de Aids no ano passado.
- Sem o vírus HIV, a expectativa média de vida na África Subsaariana seria de 63 anos. Agora está em torno de 47.⁵

Muitas pessoas têm aceitado uma visão para a África porque essas estatísticas captam a sua atenção. Embora às vezes permane-

---

[3] Nancy GIBBS, "Persons of the Year", *Time*, dezembro de 2005.
[4] Josh TYRANGIEL, "The Constant Charmer", *Time*, dezembro de 2005.
[5] O Relatório 2006 UNAIDS, www.unaids.org.

çamos entorpecidos a apelos emocionais, é difícil argumentar com dados concretos. Ao procurar sua visão, preste atenção às coisas sobre as quais você tende a aprender — enquanto lê o jornal, vê o canal Discovery ou faz uma busca na internet. O que o interessa intelectualmente pode conter as sementes de uma visão que pode ser abraçada em sua vida.

O envolvimento pode revelar uma visão

Algumas pessoas capturam sua visão quando arregaçam as mangas e se envolvem. Foi exatamente o que aconteceu com Kenneth Behring. Ele enriqueceu como vendedor de carros, empreendedor imobiliário e proprietário de time de futebol. Por volta de 1999, ele já estava fazendo doações a uma variedade de causas, incluindo o Museu Smithsoniano e a Associação de Distrofia Muscular. Então, em uma de suas viagens internacionais, Behring concordou em entregar pessoalmente algumas cadeiras de rodas que havia ajudado a comprar. Foi quando ocorreu-lhe uma revelação.

— Eu sempre contribuí com obras de caridade, mas aquilo nunca me sensibilizou — ele disse em sua autobiografia. — Quando você de fato tem a oportunidade de ajudar alguém pessoalmente, isso muda a sua vida.

Behring foi convidado a doar uma cadeira de rodas a um viúvo romeno, imobilizado por um derrame cerebral. Ele praticamente pegou o homem de uma pilha de trapos, no chão, e o colocou na cadeira nova. Ao ver o homem soluçar, a vida de Behring tomou uma nova direção.

— Nunca me senti tão gratificado como naquele momento — ele diz. — Custou tão pouco dar uma cadeira de rodas que, entretanto, teve um significado imenso para aquele homem.

Fiquei maravilhado. Ajudei a dar a alguém o presente de uma nova vida.⁶

Behring voltou para casa e criou a Fundação Cadeira de Rodas, uma organização sem fins lucrativos com a missão de:

> Liderar um esforço internacional para criar a consciência das necessidades e capacidades de pessoas com deficiências físicas, promover a alegria de dar, criar amizade global e entregar uma cadeira de rodas para cada criança, adolescente e adulto do mundo que precise de uma e que não tenha recursos para isso. Para essas pessoas, a Fundação Cadeira de Rodas entrega Esperança, Mobilidade e Liberdade.⁷

A visão de Behring de ajudar as pessoas a conseguir cadeiras de rodas somente aconteceu quando ele se envolveu pessoalmente. Só então ele percebeu o que elas representavam para os pobres ao redor do mundo, ao dar mobilidade para as pessoas deficientes, quase sempre estigmatizadas, que antes se arrastavam. Principalmente nos países em desenvolvimento, uma cadeira de rodas representa uma nova vida. Uma pessoa que pode mover-se reconquista o status de ser humano e recebe um lugar na sociedade. Logo pode deixar sua casa e ter novamente um meio de independência.

> Siga o que você ama!...
> Não deixe que perguntem o que "eles" estão procurando lá. Pergunte o que você tem no seu interior. Não siga os seus interesses, que mudam a toda, mas o que você é e o que você ama, que não deverá mudar jamais.
>
> **Georgie Anne Geyer**

---

6   Harvey MEYER, "All Wheel Drive", *Delta SKY*, setembro de 2006.
7   "Nossa Missão", Fundação Cadeira de Rodas, http://wheelchairfoundation.org/about_us/mission.php (acessado em 3 de novembro de 2006).

Mesmo que o seu coração tenha sido tocado ou sua mente tenha ficado interessada por uma visão, ela não se firma plenamente até que você dê um passo de fato nessa direção. Quando você começar a explorar uma visão, encontre uma maneira de envolver-se nela pessoalmente. Se é cuidar de crianças, encontre uma forma de trabalho voluntário no serviço social de sua comunidade. Se é um empreendimento varejista, procure um emprego na área. A experiência prática é sempre a maneira de engajar-se completamente na visão para a sua vida.

A paixão não segue automaticamente a visão

No livro *An Anthropologist on Mars*,* o neurologista Oliver Sacks conta a respeito de Virgil, um homem que era cego desde a tenra infância. Aos 50 anos de idade, Virgil passou por uma cirurgia e recuperou a visão. Entretanto, como ele e o dr. Sacks descobriram, ter a capacidade física de enxergar não é o mesmo que ver. As primeiras experiências de Virgil com a visão foram confusas. Ele conseguia distinguir cores e movimentos, mas organizá-los em um quadro coerente era mais difícil. Com o tempo ele aprendeu a identificar vários objetos, mas seus hábitos — seus comportamentos — ainda eram os de um cego. O dr. Sacks afirma:

— Deve-se morrer como cego para nascer novamente como uma pessoa que vê.

> Se você quiser construir um navio, não se esforce em reunir pessoas para juntar madeira e não lhes dê tarefas e trabalho, mas, ao contrário, ensine-as a desejar a imensidão do mar sem-fim.
>
> **Antoine de Saint-Exupery**

---

* *Um Antropólogo em Marte,* Companhia das Letras, 2006.

O mesmo pode ser dito de algumas pessoas que buscam uma visão para a sua vida. O fato de simplesmente encontrar uma visão não significa necessariamente ter a percepção dessa visão. Todos nós conhecemos pessoas que podem articular uma maravilhosa visão para a sua vida, mas ainda se comportam como se fossem cegas. Ainda vivem como se a visão *não* fosse real. A razão para isso, na minha opinião, é que a visão daquela pessoa NÃO é real. Dizendo de outra forma, sua visão não é autêntica.

Há uma antiga história, certamente apócrifa, sobre Sócrates e um discípulo orgulhoso. O discípulo foi até Sócrates em busca de sabedoria. Sócrates, então, o levou até o mar e o forçou a afundar. Quando o discípulo veio à tona ofegante, Sócrates lhe perguntou:

— O que você quer?

— Sabedoria — disse o discípulo.

Sócrates afundou de volta o orgulhoso discípulo e repetiu a pergunta:

— O que você quer?

— Sabedoria — ele respondeu novamente.

Finalmente, depois do quarto mergulho, ante a pergunta de Sócrates:

— O que você quer?

— Ar. — Respondeu dessa vez o discípulo.

— Ótimo — disse Sócrates. — Quando você quiser sabedoria tanto quanto quer o ar, volte a me procurar. Aí então vamos conversar a respeito de sabedoria.

Da mesma forma que aquele jovem, às vezes articulamos uma visão na qual realmente não acreditamos. Aderimos a uma visão "apropriada" ou "impressionante" apenas para criar, bem, uma impressão.

A verdadeira visão, aquela que sentimos profundamente nos ossos, sempre traz consigo paixão. Lembre-se de que a *visão* é um quadro do futuro que faz surgir paixão no presente. Visão e paixão devem ser dois-em-um. Elas constituem um só pacote.

Quando nós encontramos uma verdadeira visão, temos uma experiência que acelera o nosso ritmo cardíaco. Somos imediatamente energizados por ela. Se for ligado um monitor de batidas cardíacas quando você falar sobre a sua visão, a diferença será visível. Preste atenção à sua reação *depois* de pronunciar uma possível visão, porque a visão autêntica não pode deixar de provocar paixão.

> O sucesso não é a chave para a felicidade. A felicidade é a chave para o sucesso. Se você ama o que faz, será bem-sucedido.
>
> **Albert Schweitzer**

Conte até 3 para você alimentar sua paixão

O filme *Walk the Line** é baseado na vida do famoso músico Johnny Cash. Em uma cena inicial, Johnny (interpretado por Joaquim Phoenix) e dois integrantes de sua banda estão fazendo uma apresentação ao diretor musical, Sam Phillips, relacionada ao seu primeiro contrato. A canção que eles escolheram é uma conhecida melodia gospel com letra apaixonada, mas Phillips os interrompe depois de uma única estrofe.

— Parem. Parem. Detesto interromper, mas vocês têm outra coisa? — Depois de uma pausa embaraçosa, Phillips explica: — Eu não gravo material que não vende, sr. Cash, e música gospel como essa não vende.

---

* *Johnny e June*, Fox 2000 Pictures / Konrad Pictures / Catfish Productions / Tree line Films, 2005 [N. do T.].

— É a música ou o jeito que eu canto? — Cash pergunta.
— Os dois.
— Bem, o que há de errado com o jeito que eu canto?
— Eu não acredito em você.
— Está dizendo que eu não creio em Deus?! — Os amigos de Johnny tentam acalmá-lo, mas ele insiste. — Eu quero entender. Falo sério, viemos aqui, tocamos durante um minuto e ele me diz que eu não acredito em Deus.
— Você sabe exatamente o que estou dizendo — diz Phillips.
— Já ouvimos essa canção centenas de vezes, exatamente assim, exatamente como você a cantou.

Johnny protesta:
— Bem, você não nos deixou convencê-lo!
— Convencer-me? — Phillips pergunta sem acreditar. — Certo, vamos ver se música convence. Se você fosse atingido por um caminhão e estivesse na sarjeta, morrendo, e tivesse tempo de cantar uma canção, uma canção que fizesse Deus saber o que você sentia a respeito do seu tempo aqui na terra, uma canção que expressasse o que você sentia no seu mais profundo íntimo, seria essa a canção que você cantaria? A mesma canção de Jimmie Davis que ouvimos no rádio o dia todo? A respeito de sua paz interior e de como ela é real? Ou você cantaria algo diferente? Algo real, algo que você realmente sente? Pois é isso o que estou dizendo a você exatamente agora, que esse é o tipo de música que as pessoas querem ouvir. Esse é o tipo de música que realmente salva as pessoas.

Todos nós queremos cantar esse tipo de canção, não queremos? Mesmo que você não seja músico, precisa "cantar uma

> Não deixe de tentar o que você realmente quer fazer. Onde há amor e inspiração, não acho que você possa errar.
>
> Ella Fitzgerald

canção" que sinta profundamente. Uma canção que seja real e venha do coração. Só conseguimos essa canção quando renunciamos ao primeiro impulso de aceitar coisas sem importância que surjam em nosso caminho e, ao contrário, prosseguimos em busca "daquilo que é importante", ao alimentarmos a nossa paixão quando "a provamos". É então que elevamos a nossa alma ao que é grandioso.

Perguntas para auto-reflexão

1. Embora de forma inconsciente, a maioria das pessoas tende a passar a vida fazendo o que aparece em seu caminho, em vez de fazer o que seu coração deseja. Em uma escala de 1 a 10, onde você colocaria essa tendência em sua vida e por quê?
2. O capítulo afirma que a maioria das pessoas não tem paixão por não ter visão. Você concorda? Por que sim? Por que não?
3. Que quadro você faz do futuro que lhe dá paixão no presente? Seja específico. E o que você está fazendo para tornar esse quadro uma realidade?
4. Você concorda que um dos grandes presentes da paixão é a persistência pessoal? Que exemplos de sua própria vida você tem para apoiar essa posição?
5. O capítulo se encerra com uma ilustração de Johnny Cash em uma audição. Você está "convencendo" alguém? Ou está cantando a canção de outra pessoa? Como saber quando você está vivendo com uma paixão profunda e permanente?

4

Conte até 3 para...
você ganhar a sua
própria fatia da torta

O preço da grandeza é a responsabilidade.

Sir Winston Churchill

Espaguete com molho de carne, salada césar, pão de alho e duas coca-colas diet — para viagem. Esse foi o nosso pedido em um restaurante local em Seattle não faz muito tempo. Às 8h30 da noite de uma quinta-feira, depois de um longo dia de trabalho, Leslie e eu estávamos exaustos e famintos. Tudo o que queríamos era chegar em casa, colocar os pés para cima e deixar nossa mente em ponto morto enquanto comíamos alguma coisa simples. O atendente do restaurante italiano anotou o nosso pedido enquanto aguardávamos no abarrotado saguão de espera.

— Você não precisa de uma caneta? — perguntei-lhe enquanto apontava para os itens que queríamos no cardápio.

— Não. Já entendi.

Ele nos garantiu que não demoraria e voltou depressa para a cozinha com o nosso pedido. Como era de esperar, apenas dez minutos depois, o nosso atendente voltou ao saguão com duas sacolas grandes de refeição para viagem, extremamente quentes. Pegamos e saímos.

Entretanto, quando chegamos em casa e ligamos o vídeo, percebemos que o garçom nos havia entregado a comida errada. Em vez de molho de carne, o nosso espaguete estava coberto de molho de moluscos. A salada césar estava lá, mas o pão era uma baguete simples, e não o famoso pão de alho daquele restaurante. E tínhamos a leve suspeita de que tampouco a coca era diet.

Era tarde demais para atravessar a cidade e trocar a comida, por isso telefonei para o restaurante para que eles soubessem o que havia acontecido.

— Alô. Não sei se vocês se lembram de mim, mas há poucos minutos minha esposa e eu compramos aí alguns pratos para viagem. Só que agora estamos em casa e percebemos que não foi entregue o que pedimos.

— Vocês compraram de nós?

— Sim.

— Rua 45 de Carlile? — ela pressionou, como se fosse impossível eles errarem um pedido.

— Sim. — Eu estava um tanto confuso com aquela linha de questionamento. — Estive aí há menos de meia hora.

— Certo — ela disse — e qual é o problema?

— Pedimos espaguete com molho de carne e, ao contrário, veio com molho de moluscos.

— Bem, o senhor deveria gostar do molho de moluscos. É muito apreciado.

— Pode ser, mas não foi o que pedi — e eu sou alérgico a moluscos.

— Deixe-me ver se consigo encontrar o seu tíquete.

— O que isso importa? Eu sei o que pedi, e sei que trouxemos a comida errada.

— O senhor sabe quem pegou o seu pedido? Posso perguntar a ele a respeito.

— O que isso vai adiantar?

Com a mão tentando abafar o fone, eu a ouvi dizer:

— Tony, você confundiu o pedido do casal do prato para viagem? Eles levaram molusco em vez de marinara.

— Molho de carne! — eu gritei, enquanto Leslie levantava as sobrancelhas no outro lado da sala.

— Não precisa levantar a voz, senhor — disse a atendente.

— Eu posso ouvi-lo muito bem.

— Pedimos molho de carne, não marinara ou molho de moluscos — eu disse, em um tom controlado.

— E o que quer que eu faça, senhor? — ela perguntou, em tom irritado.

— Acho que gostaria apenas de um pedido de desculpas.

Sinceramente, àquela altura dos acontecimentos, era tudo o que eu *realmente* queria. Claro que eu gostaria de ter a comida que havia pedido, mas, no momento, uma confissão de culpa daquele restaurante parecia ser o melhor que poderia esperar.

Estranho, não é? Como um pedido de desculpas podia tornar-se tão importante por um erro tão pequeno? Por que as palavras "sinto muito" de uma pessoa totalmente estranha, uma atendente de restaurante, parecem tão tranqüilizantes?

Estou supondo que você já sabe a resposta: Eu queria que ela — em nome do restaurante — aceitasse a responsabilidade pelo problema. Você já passou por isso, não pas-

> Um equívoco não se torna um erro até que se recuse a corrigi-lo.
>
> Orlando A. Battista

sou? Talvez não tenha sido um restaurante, e sim uma oficina mecânica, uma loja de departamentos ou um consultório médico, todos nós já deparamos com empregados que têm a tendência de não se desculpar. Eles começam a se defender quando nós queremos apenas que reconheçam o problema. Um simples "sinto muito" naquele tipo de situação quase sempre acalma o conflito.

> O nosso maior receio não é descobrir que somos inadequados, mas que somos demasiadamente poderosos.
> **Nelson Mandela**

— Se você não aceita a responsabilidade por suas ações — disse Holly Lisle —, então fica preso para sempre a uma posição defensiva.

Isso é verdade. E mesmo assim tantas pessoas se prendem ao primeiro impulso: evitar a responsabilidade a todo custo.

Entretanto, mais uma vez três segundos podem representar um mundo de diferença. Quando fazemos uma pausa e resistimos ao jogo da culpa, os outros se acalmam. Por quê? Porque quando paramos de transferir a responsabilidade e a nossa parte do problema, de repente todos nós estamos no mesmo time e começamos a trabalhar juntos em busca de uma solução. "Sinto muito" é sempre o primeiro passo na direção de endireitar as coisas. É também essencial para mover-se de "qualquer coisa" para "aquilo que é importante".

Por que não gostamos de assumir a responsabilidade

Você já notou como tantas pessoas só admitem o erro quando são *forçadas* a isso? Leia qualquer jornal quase todos os dias e você verá alguma versão dessa frase. Você lerá, por exemplo:

"Funcionários do sindicato foram *forçados* a admitir que demitiram injustamente trabalhadores do governo do estado por se recusarem a pagar taxas". O sindicato não admitiu *livremente*; foi *forçado* a fazê-lo. Ou podemos ouvir que um funcionário, *contra a sua vontade*, pediu desculpas pelo erro. É raro, por iniciativa própria, alguém fazer uma confissão de falha. Ninguém gosta de admitir seus erros, e é típico que não façamos isso a menos que nos coloquem contra a parede. Preferimos, em vez disso, deixar que outra pessoa assuma a responsabilidade por algum problema e nos tire do enrosco.

Nossa melhor ferramenta para fazer exatamente isso é buscar culpados. Podemos culpar alguma coisa ("o computador enguiçou") ou alguém ("ela é nova aqui") pelo problema, em vez de admitir que tivemos algo a ver com o problema. É a natureza humana.

> A maturidade não vem com a idade, mas com a aceitação da responsabilidade. A juventude só ocorre uma vez, mas a imaturidade dura a vida toda!
> **Edwin Louis Cole**

Desde muito cedo, quando crianças, culpamos nossos irmãos ("ele me fez fazer isso") ou nossos animais de estimação ("meu cão comeu minha lição de casa"). Contudo, mesmo depois de grandes, buscar culpados é um hábito do qual é difícil nos livrarmos. Algum tempo atrás, esqueci-me completamente de um compromisso que consistia em dar uma entrevista ao vivo para uma estação de rádio local. Estava marcado na minha agenda. Tinha sido anunciado durante dias. No entanto, na tarde da entrevista, Leslie me convidou para fazer uma caminhada com ela, e eu concordei — esquecendo-me completamente de que deveria estar no estúdio.

Só às 9 horas da noite é que me dei conta do meu erro. Fiquei arrasado. E culpei Leslie.

— Eu nunca perco um compromisso! Por que você não me lembrou? — perguntei a ela.

Eu sou o responsável por fazer o acompanhamento da minha agenda, mas isso não me impediu de dizer:

— Eu nunca teria perdido a entrevista se você não me tivesse pedido para fazer aquela caminhada doida!

O que eu estava falando era completamente irracional, e tremo só em pensar nisso. O jogo da culpa parece estar grudado em mim, contudo.

Desde que Adão culpou Eva, e Eva culpou a serpente, nós, humanos, temos transferido a responsabilidade com desculpas e jogos de culpa. Fazemos isso para evitar a responsabilidade — para salvar o nosso pescoço. No entanto, isso raramente funciona.

Quem é responsável por isso?

Se existe uma coisa que aprendi em seis anos de mestrado e doutorado em minha preparação para ser psicólogo, e em duas décadas de aconselhamento desde então, é que nos casos de aconselhamento de casal normalmente a responsabilidade pelos problemas é jogada principalmente na outra pessoa. Como pistoleiros do Velho Oeste, eles sacam o dedo acusador e apontam para as falhas e defeitos um do outro. Dizem coisas como: "Se não fosse pela sua raiva, poderíamos ter um casamento de verdade". Ou "Se você não mentisse tanto, talvez eu pudesse acreditar em você". Ou ainda: "Se você em algum momento demonstrasse interesse em conversar, eu poderia demonstrar interesse em fazer sexo".

Todo conselheiro competente sabe que, independentemente do problema em um casamento, o sistema que o mantém se fundamenta em duas pessoas. Por quê? Porque cada pessoa é responsável, de certa forma, pelas circunstâncias. Tal como um móbile que pende do teto, o equilíbrio do casamento é criado e mantido pelos dois parceiros. A mudança de uma peça do móbile influencia o equilíbrio de toda a estrutura. Da mesma forma, o equilíbrio de qualquer casamento se mantém quando as duas pessoas têm consideração uma pela outra trocando de posição, de atitude e de comportamento.

A questão é que, em um relacionamento de longo prazo, a responsabilidade completa pelos problemas raramente fica nos ombros de uma só pessoa. E é por isso que, antes que seja dado um único passo, antes que seja feito um movimento, cada pessoa precisa assumir a sua responsabilidade. Uma situação ruim só muda no casamento quando os cônjuges se dão conta e admitem que o importante não é *quem,* mas o *que* está errado.

Sei que o meu casamento com Leslie teve seu "melhor dia" quando eu assumi a responsabilidade pela minha parte no relacionamento — e ela fez o mesmo. Foi quando paramos de procurar defeitos no outro. Foi quando paramos de procurar jogar a culpa sobre o outro. Naquele dia começamos a descobrir a libertação de toda aquela busca por pequenos defeitos que estava envolvida na tentativa de jogar a responsabilidade de qualquer problema em cima do outro.

Assumir a responsabilidade por outra pessoa

O princípio de assumir a responsabilidade por alguém se aplica a cada aspecto da nossa vida. Se você trabalha no serviço de atendimento ao consumidor ou em vendas, assumir a responsabilidade por qualquer problema faz parte da descrição de cargo. E, às vezes, você tem de assumir a responsabilidade não por ter feito pessoalmente algo errado, mas *em nome da empresa.* A melhor maneira de fazer isso não é focar em *quem,* mas *no que* está errado.

— Uma cliente estava com alguma dificuldade em conseguir reembolsar um cheque — disse-me a gerente de uma grande loja varejista. — Ela veio até mim dizendo que a nossa gerente de operações tinha sido indelicada com ela. Tenho certeza de que foi apenas um mal-entendido, mas pedi desculpas, ajudei-a a recuperar o cheque e me despedi.

É isso! A gerente não teve de interrogar a cliente ou outra empregada. Pediu desculpas pela experiência da cliente e fez o que era certo.

E como aprender a assumir a responsabilidade quando você não se sente responsável? Ou quando você *sabe* que não fez nada de errado?

Adoro essa pergunta. Ela vai ao centro da questão. Muitas pessoas no serviço de atendimento ao consumidor reagem de maneira errada. Tentam minimizar a questão para provar que não se trata realmente de um problema. Ou, se de fato reconhecem o problema, procuram formas de mostrar que a falha não foi responsabilidade delas. Para todos nós que estamos do outro lado do "serviço" de atendimento ao consumidor, o resultado é frustração e raiva. Evitar a responsabilidade de qualquer problema sempre acaba apenas desviando a atenção do problema em si e focando a pessoa envolvida. Focar "quem" em vez de "o que" é apenas desperdício de tempo e frustra o consumidor.

Você já passou por isso? Pense na experiência que eu tive em um hotel de nível médio, faz certo tempo, em Denver. Devido a um vôo cancelado, tive de prolongar minha estada na cidade e fui dormir às 3 horas da manhã. Meu consolo era poder dormir até tarde. E, como associado "ouro" do clube de hóspedes freqüentes daquele hotel, pedi um quarto que fosse especialmente tranqüilo — no fim do corredor, longe dos elevadores, das geladeiras e dos armários de materiais. A recepcionista me atendeu e pedi que me despertasse às 10 horas.

Uma vez no quarto, fechei bem as cortinas, pendurei o aviso de "Não Perturbe" na porta e caí na cama. Eu mal tinha colocado a cabeça no travesseiro, e já estava dormindo. Contudo, apenas algumas horas depois, meu descanso foi abruptamente interrompido. O relógio digital próximo à cama marcava 7 horas e alguns minutos quando ouvi o som mais ensurdecedor que eu jamais tinha ouvido em um hotel. E não parava. A cada intervalo de alguns segundos, o barulho enchia o quarto com o que parecia ser um trovão.

Zonzo, levantei-me da cama e perscrutei por entre as cortinas, esperando ver uma terrível tempestade. Contudo, o sol brilhava calmamente. Imediatamente apertei o botão do "serviço expresso" do telefone do quarto para indagar que barulho era aquele. Tão confusa quanto eu, a telefonista me garantiu que ia verificar e me ligaria de volta. Ela ligou. Acontece que eles estavam reformando o quarto acima do meu — usando literalmente britadeiras!

Não havia a menor condição de dormir! Tomei um banho rápido, arrumei minha mala e me dirigi ao balcão de entrada para conversar com alguém sobre as quatro horas de sono que me deviam no hotel. Com meu cartão de hóspede freqüente em mãos, debrucei-me sobre o balcão de granito e contei a Molly (esse era o nome em seu crachá de metal) a minha história.

Depois de ouvir o meu depoimento, eis a primeira frase que saiu da boca de Molly:

— Isso é estranho; gostaria de saber quem estava na recepção ontem à noite.

Mantive-me em silêncio enquanto ela apalpava alguns papéis.

Ela continuou com uma voz agradável:

— Era homem ou mulher?

Senti meu coração acelerar e os músculos ficarem tensos. *Você está brincando comigo*, eu disse para mim mesmo. *Ela está cometendo o pecado capital do serviço de atendimento ao consumidor ao tentar transferir a responsabilidade em vez de resolver o problema.* Esse tipo de conversa comigo mesmo ajuda a me manter calmo. O que eu disse em voz alta foi:

— Não vamos perder tempo, Molly. Talvez eu possa falar com o seu gerente.

— Claro — disse Molly enquanto desaparecia na sala dos fundos, reaparecendo um ou dois minutos depois. — Steve virá atendê-lo assim que terminar uma ligação, mas eu posso dar-lhe um comprovante para o café da manhã, se o senhor quiser.

— Está bem. Vou esperar por Steve.

A propósito, devo dizer que Molly foi completamente profissional e cortês — exatamente as qualidades, tenho certeza, que foram enfatizadas em seu treinamento. O que ela não aprendeu foi assumir o problema do cliente.

> O que dizemos e o que fazemos acaba voltando para nós, por isso devemos assumir a responsabilidade, tomá-la em nossas mãos e carregá-la com dignidade e empenho.
>
> **Gloria Anzaldua**

Felizmente, o gerente Steve tinha gravado essa lição. Ele saiu do seu escritório, fez um sinal para que eu esperasse, rodeou o balcão e caminhou em minha direção para conversar. Cumprimentou-me com um aperto de mão e disse:

— Dr. Parrott, acabo de saber o que aconteceu ao senhor esta manhã, e quero que saiba que estou extremamente triste. Não há desculpa para isso. Quero que o senhor saiba que farei o que for possível para corrigir o ocorrido.

Grande, Steve! Eu disse para mim mesmo. Eu queria que Molly estivesse vendo; é exatamente o que ela precisa ver para aprender esse princípio. Steve foi humilde, não tentou justificar-se e estava disposto a corrigir o erro — mesmo sem ter sido o culpado direto. Steve, em outras palavras, estava disposto a "fazer o que fosse melhor".

Esse princípio não se aplica apenas a situações de serviço ao consumidor. Em um conflito com um amigo, a melhor maneira de desarmá-lo e ir direto ao centro da questão é demonstrar que você não está tentando desviar a culpa. Na política dentro da empresa, às vezes é preciso engolir o orgulho e reconhecer a sua participação no conflito, mesmo que ela seja pequena.

Não quero dizer que você deve assumir a parte que *não* é sua. Isso não aproxima mais você e a outra pessoa para resolver o problema.

Na velha série de TV *Bob Newhart Show*, da década de 1970, que tem no elenco Bob como um psicólogo de Chicago, uma personagem metódica fez da humildade um defeito. Ele era um vendedor de porta em porta que não batia à casa das pessoas por temer que isso pudesse incomodá-las. Por isso, sua estratégia de vendas era ficar no degrau de entrada, à espera de as pessoas abrirem a porta. Obviamente isso não dava muito resultado, e essa personagem se tornou dependente de Bob.

Certo dia aquela personagem inquieta entrou às pressas no escritório de Bob, sussurrando:

— Desculpe pelo atraso.

— Você não está atrasado — disse Bob.

— Bem, então desculpe por eu estar adiantado — ele respondeu.

— Você também não está adiantado — Bob lhe disse.

— Desculpe — ele suspirou.

Obviamente, esse sujeito tinha um problema, certo? É duvidoso se você levaria um pedido de desculpas a esse extremo, contudo já vi várias pessoas que pedem tantas desculpas à menor provocação, para ao menos advertir você a não fazer algo semelhante.

O triste estado de ter de se desculpar

Alguém me disse recentemente:
— Chegamos ao ponto em que todos têm direitos e ninguém tem responsabilidade.

E não é verdade? Todos nós nos apressamos em reivindicar aquilo que acreditamos ser nosso direito, mas somos incrivelmente lentos em assumir a responsabilidade por uma situação que não esteja correndo bem. E assumir quer dizer andar de mãos dadas com o ter de se desculpar.

Infelizmente, nos dias de hoje, desculpar-se sem admitir o erro tornou-se um tipo de arte. Os entendidos nos dizem que a palavra "desculpe" pode ser definida de várias formas — como defesa de uma idéia, um pedido de perdão ou uma expressão de arrependimento. Esta última parece ser cada vez mais difícil de ser empregada.

Uma recente reportagem de Jeff Greenfield, da CNN, focalizou os políticos e o que inspira seus atos de contrição. Não é de admirar que a conclusão tenha sido representativa da época, ou seja, o político é forçado a pedir desculpas por uma ação ou uma falta de ação. E eles se desculpam não para admitir o erro e manifestar remorso, mas simplesmente para salvar a carreira política. É surpreendente como a assessoria de imprensa dos políticos é habilidosa em montar desculpas que evitam reconhecer os erros tanto quanto possível.

É claro que nem sempre são os políticos que têm de fazer pedidos públicos de desculpa. Pense em Mark Cihlar, fundador da Maratona Lakeshore de Chicago, uma pequena corrida realizada anualmente no mês de maio. Para a maioria de nós, a maratona parece infinitamente longa. Contudo, existe uma linha de chegada, e a corrida tem uma extensão de 42,195 quilômetros. Não em 2005, contudo. Naquela edição da corrida, os 529 corredores acabaram correndo 43,804 quilômetros. E não intencionalmente. Só depois foi descoberto que Cihlar e sua equipe haviam calculado mal onde deveria ser posicionada a linha de chegada. Muitos corredores tinham ido à cidade com o desejo expresso de se qualificar para a prestigiosa Maratona de Boston. Aquela milha extra — 1.600 metros — fez a diferença para a qualificação ou não de muitos deles.

Mesmo durante a corrida, muitos corredores apresentaram problemas físicos. A falta de marcação dos quilômetros percorridos e a fraca orientação fizeram com que alguns corredores se perdessem. Uma mulher, líder da corrida no início, mais adiante tomou a direção completamente oposta.

— Fiquei muito confusa — ela disse — e tive vontade de chorar.

No final das contas, Mark Cihlar publicou um pedido de desculpas — ou quase isso — em um site da internet.

— Mudanças de última hora fizeram com que calculássemos mal o percurso, e nós tolamente acrescentamos 1.600 metros ao traçado original — simplesmente lamentável.[1]

Tenho certeza de que eu não teria me sentido melhor depois dessa declaração se eu fosse um dos corredores que se perderam, não se classificaram ou nem mesmo concluíram o percurso devido ao cálculo "tolo" deles.

Seja em público seja reservadamente, um pedido de desculpas pode servir mais aos interesses próprios do que ao interesse dos outros, ao ser expresso de uma forma que se exime a verdadeira

> Quando você cometer um erro, admita-o, corrija-o e aprenda com ele — imediatamente.
> **Stephen Covey**

---

[1] Julie DEARDORF, "Unwitting Marathon Runners Go Extra Mile", *Chicago Tribune*, 3 de junho de 2005.

responsabilidade. Alguém já lhe disse: "Sinto muito se você se machucou"? Ou, que tal esta: "Sinto muito por você estar se sentindo assim, mas...". Afinal, isso não é um pedido de desculpas, é? Esse tipo de "pseudo" ou falso pedido de desculpas tem a finalidade de minimizar a responsabilidade, em vez de expressar compaixão. É por isso que, hoje em dia, não existem palavras que inspirem mais desconfiança do que "sinto muito".

E é exatamente por isso que elas são extremamente importantes para compreendermos o processo de assumir a responsabilidade. Essas palavras, mais do que quaisquer outras, quando vindas de um coração sincero, são o sinal mais claro de que estamos assumindo a responsabilidade e estamos prestes a corrigir as coisas.

Como assumir a responsabilidade

Como você deve imaginar, saber fazer um pedido de desculpas adequado é uma grande parte do processo de assumir a responsabilidade, mas existem outros três ingredientes que vale a pena mencionar primeiro.

Sustente com ações aquilo que você diz

A pessoa disposta a fazer "o que é importante" assume a responsabilidade não só da boca para fora. Assume o que diz, ou então se cala.

Testemunhei um exemplo notável disso em uma rua da cidade de Nova York. A Companhia 3M havia montado uma exposição para demonstrar a eficácia do seu vidro inquebrável. Lá, presa à calçada e sem guarda armado à vista, estava uma caixa de vidro contendo milhares de notas de cem dólares, claramente visíveis. Colocadas em pilhas de cerca de 1 metro de altura, elas deviam representar milhões de dólares. Não é preciso falar mais nada, certo? A 3M literalmente arriscou seu dinheiro para mostrar sua seriedade.

Essa qualidade de demonstrar o compromisso vai além dos aspectos financeiros, contudo. Pense no dr. Evan O'Neill Kane, cirurgião-chefe do Kane Summit Hospital, da cidade de Nova York. Ele havia praticado sua especialidade durante trinta e sete anos. Estava convencido de que a anestesia geral era arriscada demais para muitas operações. Sua teoria era que a anestesia geral podia — e devia — ser substituída pela anestesia local bem administrada. O médico estava ansioso para provar isso — assim que pudesse encontrar uma pessoa disposta a passar pela faca conservando a consciência. Parecia que todas as pessoas com quem ele falava tinham medo de que o corpo recuperasse a sensibilidade durante a cirurgia e sentisse dor.

Finalmente ele encontrou um sujeito em quem poderia realizar uma apendicectomia. O dr. Kane havia realizado operações de apendicite milhares de vezes, por isso tinha confiança em sua habilidade.

> Não se pode fugir da responsabilidade do amanhã fugindo dela hoje.
>
> **Abraham Lincoln**

No dia da cirurgia, o paciente foi preparado e levado à sala de cirurgia. Depois que a anestesia local fez efeito, Kane seguiu seu procedimento padrão. Realizou a incisão no lado direito do abdome, ligou os vasos sangüíneos, achou o apêndice, cortou-o e suturou a incisão.

Excepcionalmente, o paciente sentiu pouco desconforto. De fato, na tarde seguinte ele estava em pé e andando, o que foi um fato incomum para o ano de 1921, quando as pessoas que faziam esse tipo de operação ficavam costumeiramente confinadas a uma cama de hospital durante uma semana ou mais.

Foi um marco no mundo da medicina. Foi também uma demonstração de coragem, porque o paciente e o médico eram a mesma pessoa. Para demonstrar sua teoria, o dr. Kane havia operado a si mesmo.

Certo, sei que isso é demais. Vejamos aonde isso nos leva. Felizmente, espera-se que poucos de nós assumamos a responsabilidade de maneira tão dramática. No entanto, sempre que estivermos dispostos a arriscar nosso dinheiro, nosso negócio ou até mesmo o nosso bem-estar para demonstrar o nosso compromisso, estamos assumindo plena responsabilidade. Sempre que você firma uma posição e assume uma idéia, uma causa ou mesmo um erro, está dizendo que a responsabilidade é totalmente sua. Você sustenta suas ações. Está sustentando o que diz com ação — não só da boca para fora.

Apresentando a questão de outra forma: As pessoas que falam somente da boca para fora não têm intenção de *agir* sobre o que dizem. É o extremo oposto de assumir a responsabilidade.

Aceite seus temores e fracassos

Vejo com muita freqüência pessoas desistindo de uma atitude proveitosa porque se comprometeram integralmente com uma idéia e fracassaram. Isso já aconteceu com você? Bem, você não está só. Todos os que acabam realizando alguma coisa digna de nota foram pessoas que fracassaram ao longo da caminhada. O que os mantém em movimento é a capacidade de esperar e aceitar seus temores e fracassos. Eles não culpam "o sistema", a família o chefe, ou qualquer outra pessoa ou coisa por sua falta de êxito.

Claro que é bom ter um líder que o ajude a assumir seu fracasso sem destruir você por isso. Quando Thomas Edison e seu pessoal

> Quem nunca cometeu um erro nunca tentou algo novo.
>
> Albert Einstein

estavam desenvolvendo a lâmpada incandescente, foram necessárias centenas de horas para fazer uma única lâmpada. Certo dia, depois de concluir uma lâmpada, ele a entregou a um ajudante e lhe pediu que a levasse à sala de testes, no andar superior. Quando o menino se virou para subir as escadas, tropeçou, caiu e a lâmpada se fez em pedaços nos degraus. Horrorizado, o menino pediu muitas desculpas e esperou pela repreensão. Contudo, em vez de censurar o jovem, Edison o tranqüilizou. Depois, simplesmente pediu ao seu pessoal que trabalhasse em outra lâmpada. Vários dias depois, quando a lâmpada estava terminada, Edison demonstrou a realidade do seu perdão da forma mais enfática possível. Foi até o mesmo menino, entregou-lhe a lâmpada e disse:

— Por favor, leve isto até a sala de testes.

Imagine como o menino deve ter se sentido. Ele sabia que não tinha ganhado a confiança de Edison ao assumir anteriormente aquela responsabilidade. Todavia, ali estava ela, sendo-lhe oferecida novamente, como se nada tivesse acontecido. Nada poderia ter restaurado aquele menino à equipe mais claramente, mais rapidamente ou mais integralmente. A propósito, pode apostar que aquele menino subiu as escadas com redobrado cuidado.

Assumir a responsabilidade sempre apresenta novos temores. Quando você se apossa do seu sonho, por exemplo, não pode mais culpar os outros por qualquer fracasso em atingi-lo. Deve ter sido isso que Nelson Mandela quis dizer quando se expressou:

— O nosso maior receio não é descobrir que somos inadequados, mas que somos demasiadamente poderosos.

Peça desculpas quando necessário

Assumir a responsabilidade nunca é fácil. E é completamente impossível se você tiver uma atitude constantemente hostil. Por exemplo, imagine se o ajudante da oficina de testes de Edison tivesse assumido uma atitude arrogante e jogasse a culpa pelo acidente nos degraus escorregadios. Você acha que ele teria recebido aquela segunda chance? Eu duvido.

— O preço da grandeza é a responsabilidade — disse o grande estadista Winston Churchill. Para aceitar a responsabilidade, você precisa aprender a pedir desculpas. E isso requer humildade. Envolve respeito e uma atitude sincera de arrependimento.

Vamos dar uma boa olhada nos elementos de um bom pedido de desculpas, testados durante muito tempo:

Primeiro: Você precisa compreender o que está errado. Isso parece simples, mas é sempre negligenciado. A maioria de nós acha que um pedido de desculpas significa apressar-nos em dizer as palavras mágicas: "Sinto muito". E se as dizemos depressa demais, é sempre pela coisa errada. Se nos sentimos obrigados a pedir desculpas quando não achamos que fizemos algo errado, acabamos por fazer isso com ressentimento. De qualquer forma, não é sincero. Primeiramente temos de entender o verdadeiro problema. Por quê? Porque nós fazemos suposições. Lemos nas entrelinhas. Precipitamos as conclusões.

Fui à casa de um amigo e toquei a campainha. Ele abriu a porta e disse:

— Les, onde estão as cadeiras?

Ooooh. Esperava-se que eu levasse algumas cadeiras. Respondi:

— Oh, esqueci.

Ele me olhou fixamente e vociferou:

— Faz sentido!

> A ação não emerge do pensamento, mas da disposição para a responsabilidade.
> G. M. Trevelyan

Eu pensei: "Faz sentido?". Ele pensa que não estou bem, que não sou capaz. Quem ele pensa que é? O rastejante!

Nesse momento eu tinha duas opções. Podia procurar alguma coisa boa no que ele estava dizendo — embora parecesse um pouco desagradável — e apenas esquecer o assunto. Ou podia perguntar-lhe o que ele queria dizer — embora fosse óbvio para mim. Alguns dias depois, eu o vi e fiz referência ao assunto.

— Você se lembra do outro dia em que estive em sua casa e esqueci de levar as cadeiras e você disse: "Faz sentido"?

Ele me interrompeu.

— Eu não devia ter dito aquilo.

— Bem, eu gostaria de saber o que você quis dizer com aquilo.

— Bem, naquele dia todo, em cada reunião à qual eu fui, alguém havia esquecido algo. A primeira coisa que me veio à mente foi que aquilo fazia sentido.

Então ele não havia dito: "Parrot, você é um tonto". Estava dizendo: "Meu dia foi terrível".

Como vimos anteriormente, todos nós fazemos presunções. Somos "telepatas". É por isso que o primeiro elemento importante em qualquer pedido de desculpas é certificar-nos de ter compreendido precisamente o que está errado.

Segundo: Você precisa admitir que você está errado. Este pode ser o elemento mais difícil para a maioria de nós. Assim como o garçom que não admite que anotou o pedido errado, ou o marido que não quer admitir que esqueceu de comprar leite no supermercado, é natural que seja difícil para todos nós admitir o erro mesmo depois de compreendê-lo.

> Responsabilidade é um conceito singular. Ela reside em um único indivíduo e é inerente a ele. Você pode compartilhá-la com outros, mas a sua porção não diminui. Ela pode ser delegada, mas ainda é sua. Você pode negá-la, mas não pode despir-se dela.
>
> **Almirante Hyman Rickover**

Um de meus exemplos prediletos disso é tirado da série de TV *Seinfeld*. Jerry entra em uma lavanderia com uma camisa obviamente enrodilhada.

Empregado da lavanderia:
— Posso ajudá-lo?
Jerry:
— Sim. Vim buscar esta camisa aqui ontem. Está completamente enrodilhada. Não há nenhuma condição de usá-la.
Empregado da lavanderia:
— Quando você a trouxe?
Jerry:
— Que diferença faz? Olhe para isto! Você vê o estado desta camisa?
Empregado da lavanderia:
— Você tem o recibo?
Jerry:
— Não encontro o recibo.
Empregado da lavanderia:
— Você deveria ter o recibo.
Jerry:
— Olhe, esqueci o recibo, certo? Mesmo que eu tivesse o recibo — olhe para isto! Está um trapo. O que vou fazer com isto?
Empregado da lavanderia:
— Sim, mas como vou saber que lavamos a camisa?
Jerry:
— O que você acha, que estou querendo dar um pequeno golpe? Que eu levei esta pequena camisa pela cidade toda enganando as lavanderias a seco por falta de dinheiro?! Na verdade, esqueça o dinheiro. Nem quero o dinheiro. Só uma vez, eu gostaria de ouvir uma lavanderia a seco admitir que algo foi falha deles. É o que eu quero. Quero uma confissão de culpa.
Empregado da lavanderia:
— Talvez você tenha pedido lavagem comum?

Jerry:
— Não... a seco.
Empregado da lavanderia:
— Deixe-me explicar uma coisa. Certo? Certos produtos químicos podem reagir de maneira diferente com certos tipos de tecidos, causando...
Jerry:
— (Interrompendo) Você a estragou! Você sabe que sim! Apenas me diga que a estragou!
Empregado da lavanderia:
— Eu a estraguei.

Uau! Aí está. Uma confissão a respeito do que saiu errado. Finalmente. Não espere até que alguém obrigue você a confessar seu erro. Admita. E prepare-se para o terceiro elemento do pedido de desculpas.

Finalmente, prontifique-se a corrigir o que está errado. Assim que compreender o que está errado, e tê-lo admitido, seu terceiro desafio é corrigir o erro.

> Não há calamidades que as palavras certas não comecem a reparar.
> **Ralph Waldo Emerson**

Até as grandes empresas estão aprendendo essa lição. Quando os centros de serviços automotivos Mastercare, cadeia pertencente à Bridgestone/Firestone, com faturamento anual de 1 bilhão de dólares, começaram a vincular o pagamento dos empregados à fidelidade dos clientes, estes notaram a diferença. E não de uma maneira positiva. Pesquisas com 4 mil proprietários de carros Columbus, Ohio e Memphis, no Tennessee, mostraram que as pessoas menosprezavam a insistência de vendas da Mastercare.

O vice-presidente sênior, John Rooney, disse:
— Tínhamos a pretensão de ser os melhores fornecedores de serviços para automóveis dos Estados Unidos, mas falhamos.

Descobrimos que fomos rudes, que os mecânicos deixavam graxa nos assentos dos carros — todo tipo de coisa.

A propósito, você notou o termo usado? Um alto funcionário de uma importante companhia disse que eles *falharam*! Isso é uma raridade. Contudo, é exatamente o que o pedido de desculpas requer e, depois de admitir a culpa, é preciso fazer alguma coisa para corrigi-la.

Então, o que a Mastercare fez depois de admitir seu erro? Bem, a maioria dos clientes disse que a honestidade e o serviço cortês no reparo eram duas vezes mais importantes que o preço. Assim, a Mastercare criou um novo programa de incentivo aos funcionários. Todos os meses Rooney pede a uma firma externa que pesquise 50 clientes de cada loja para saber se eles receberam bom serviço e se pensam em voltar à Mastercare. Os funcionários que mantêm a fidelidade dos clientes ganham bônus que alcançam 10% do seu salário. Mesmo os bônus dos mecânicos dependem da pontuação da pesquisa porque, como diz Rooney:

— Não é só a gentileza do vendedor que é importante. É também a qualidade do serviço.

E aqui está o retorno: Os centros Mastercare que usam o novo sistema de incentivo aumentaram a fidelidade do cliente em 25% e reduziram a rotatividade do pessoal em torno de 40%.[2]

Empresas como a Mastercare podem fazer pesquisas e dispõem de estatísticas que provam que corrigir problemas é a forma de seguir em frente. O mesmo é verdade também para os indivíduos. Ninguém considera ter recebido um pedido sincero de desculpas se o erro não for corrigido.

---

[2] Patricia SELLERS, "What Customers Really Want", *Fortune*, 4 de junho de 1990, p. 33.

Conte até 3 para você assumir a responsabilidade

Quando eu era aluno do colégio em Kansas City, Missouri, tive de redigir um trabalho sobre Harry Truman, 33º presidente dos Estados Unidos. Como parte da minha pesquisa, consegui um passe de estudante para visitar sua biblioteca presidencial em Independence, ali perto. Uma de minhas lembranças daquela experiência foi um passeio à replica do seu Gabinete Oval. Depois de vasculhar o gabinete, minha atenção se prendeu a uma placa que deve ter sido o foco de muitas conversas com visitantes do gabinete da Casa Branca na década de 1950.

As quatro palavras impressas em ouro sobre a placa chamaram minha atenção, da mesma forma que devem ter chamado a do amigo de Truman, Fred Canfil, ao ver uma placa semelhante na mesa do diretor de um reformatório no início dos anos 1940. Canfil perguntou ao diretor se podia ser feita uma placa igual para Truman, e o letreiro em vidro foi montado em uma base de nogueira e enviado ao presidente no dia 2 de outubro de 1945. Apenas quatro palavras: "Eu assumo a responsabilidade". A tabuleta ficou sobre a mesa de Truman, no Gabinete Oval, até o fim do seu mandato.

Eu assumo a responsabilidade. Que grande frase! Talvez não exista maneira mais sucinta de expressar o que estou abordando neste capítulo.

> O maior poder que a pessoa tem é o da escolha.
> J. Martin Kohe

Você não leva mais que três segundos para resistir ao impulso de se desviar da culpa. Então você pode sair da atitude "Não é problema meu" — para uma atitude que diz: "Sinto muito e eu vou fazer 'tudo aquilo que for importante' ". Afinal, assumir a responsabilidade significa que você não está mais disposto a passá-la adiante.

Perguntas para auto-reflexão

1. Você consegue lembrar-se de um incidente com uma balconista, um funcionário ou qualquer outra pessoa que se tenha recusado a assumir sua responsabilidade diante de um problema? Qual foi o incidente? O que você achou da reação deles? Por quê?
2. Quando se trata de resistir ao impulso de dizer: "Não é problema meu", como você se sai? Você é rápido ou lento em assumir a responsabilidade? Depois de responder por si mesmo, peça ao seu cônjuge ou a um amigo íntimo que responda por você. As respostas são iguais?
3. É quase impossível assumir a responsabilidade sem proferir as duas palavras mágicas: "Sinto muito". Por que é tão difícil proferi-las?
4. Você considera ser sempre apropriado assumir a responsabilidade por algo que não é diretamente culpa sua (como o recepcionista do hotel que não cometeu o erro de reserva)? Por que sim? Por que não?
5. Pensando novamente em sua frustração quando alguém transfere a culpa e se livra da responsabilidade, como você usa a empatia para assumir mais depressa a *sua* responsabilidade pelos problemas?

5

Conte até 3 para... você percorrer a segunda milha

Nossas chamas mais brilhantes normalmente são acesas por fagulhas inesperadas.

Samuel Johnson

Não faz muito tempo, meu amigo John Maxwell me convidou para ir a uma conferência organizada por sua empresa.

— Les — ele me disse —, o Catalyst é para líderes jovens, e eu acho que você realmente irá gostar.

Sabendo que a minha agenda já estava tomada e percebendo a minha hesitação em voar de Seattle para Atlanta para aquele evento de fim de semana, John acrescentou:

— Tenho certeza absoluta de que você nunca foi a uma conferência como essa, e eu quero que você seja meu convidado.

Cinco dias depois eu estava em um vôo para Atlanta. John pediu a um colega seu que me pegasse no aeroporto e me levasse direto para a arena onde a conferência logo começaria. O trânsito estava lento quando chegamos à saída da auto-estrada.

— Todos esses carros vão para a conferência? — perguntei ao motorista.

— Sim — ele disse com um sorriso.

À nossa frente, ao lado da rampa da auto-estrada, eu vi uma dúzia ou mais de pessoas bem vestidas carregando placas e acenando para os motoristas.

— O que eles estão fazen...

Antes mesmo que eu pudesse concluir minha pergunta, um jovem posicionou sua placa escrita a mão para que eu pudesse vê-la. "Eu compro suas entradas", dizia.

Eu disse ao meu companheiro:

— Eles querem as entradas para qual jogo?

Ele explicou que o Catalyst era um evento com entradas já esgotadas, e que aquelas pessoas tinham a esperança de conseguir entradas não usadas.

— Você está brincando! — exclamei.

O motorista apenas riu e disse:

— Você nunca esteve aqui antes, esteve?

Quando entramos no imenso estacionamento, ele me levou para a entrada principal da arena e me deixou lá.

— Kevin está esperando você aí dentro e o levará direto até John.

Assim que pisei no meio-fio, de repente me dei conta de que estava em um tapete vermelho — rodeado por cordas de veludo para celebridades. Flashes de câmeras fotográficas espocavam de ambos os lados. Pessoas estranhas me saudavam e me pediam que desse uma pausa para fotos. Nesse exato momento, uma reluzente limusine Hummer amarela encostou no meio-fio e cerca de uma dúzia de conferencistas se amontoou para a mesma recepção que eu estava tendo. Finalmente eu calculei que aquilo estava acontecendo a todos que ali entravam. Andamos pelo tapete, alguns de nós acenando para os fotógrafos e saudando os espectadores, e outros um tanto confusos. Quando chegamos mais perto da porta, uma banda uniformizada tocava com entusiasmo e as pessoas nos cumprimentavam acenando com os programas. Foi quando Kevin me localizou.

— Dr. Parrott — ele disse —, John está esperando pelo senhor nos bastidores.

Ele me conduziu através de algumas portas e me levou direto até o dr. Parrott.

— Ei! Você chegou! — John exclamou. — Na hora. Temos lugares reservados na frente.

Tentei perguntar a John a respeito da minha experiência na entrada da conferência, mas quando chegamos à arena o barulho dificultava o diálogo. O local estava escuro como breu, com exceção de algumas luzes isoladas nos corredores e alguns focos coloridos de laser apontando aqui e ali. Eu podia sentir dos pés à cabeça cada batida de um baixo retumbante como se estrondeasse através de alto-falantes gigantes. Aquilo era arrasador — e a conferência nem mesmo havia começado. Quando começou, eu estava completamente "comprometido" pelo inesperado. O primeiro locutor trouxe de fato uma vaca viva para o palco para ilustrar um assunto. Depois, ao som da música de *Missão impossível*, uma dúzia de ninjas desceu do teto da arena. A seqüência era ininterrupta. Foi simplesmente surpreendente — e nem um pouco parecida com o que eu esperava de uma "conferência de liderança".

Naquela noite, depois do jantar, John me contou toda a verdade.

> Não há engarrafamento de trânsito quando se percorre a segunda milha.
> **Roger Staubach**

— Queremos superar as expectativas de todos nesta conferência. Foi por isso que incluímos os fotógrafos e as pessoas comprando entradas. Queríamos fazer das pessoas que viessem ao seminário — e não dos palestrantes — as estrelas.

— Devo dizer que você foi bem-sucedido — eu confessei, ainda admirado.

— O sucesso sempre acontece quando se excede às expectativas das pessoas.

> Estabelecer altos padrões faz valer a pena olhar para cada dia e cada década à frente.
> **Greg Anderson**

Claro, John está absolutamente certo. Oferecer mais e além do que se espera causa uma impressão duradoura. E também é um ingrediente indispensável fazer "aquilo que é importante".

O que é a segunda milha?

Há alguns anos, eu estava com meu programa de milhas de cliente fiel quase expirando. Em vez de desperdiçá-lo, planejei uma viagem com meu pai a Roma, na Itália. Ele estivera lá várias vezes no passado, e eu queria que ele fosse meu cicerone. Em nossos quatro dias em terras romanas, vimos tudo o que se pode imaginar: o Coliseu, a Capela Sistina, a Fontana de Trevi etc.

Certa noite durante o jantar em nosso hotel, o garçom estava especialmente atencioso. Concordamos em que ele merecia uma boa gorjeta, e meu pai e eu começamos a conversar a respeito de algo que eu lembrava ter estudado anos antes. As nossas circunstâncias eram ideais, porque tinham que ver com os soldados do Império Romano. Assim como os soldados de hoje, eles sempre levavam bagagens pesadas durante grandes distâncias. Muitos desses soldados, ao caminhar por áreas habitadas, podiam ordenar a uma pessoa que carregasse a bagagem para eles. A prática era tão comum — e causava tanto ressentimento — que foi aprovado no império uma lei determinando que um jovem a quem fosse exigido carregar a bagagem o fizesse por uma milha romana, ou cerca de mil passos, em qualquer direção de sua casa. Naqueles dias, não era incomum ver pedaços de madeira fincados no chão ao longo dos caminhos dos vilarejos, onde os rapazes haviam marcado as distâncias que teriam de andar se um soldado assim exigisse.

> As melhores coisas da vida são inesperadas — por não haver nenhuma expectativa.
> **Eli Khamarov**

Devido ao fato de essa prática estar tão generalizada nos dias de Jesus, ele a utilizou em seu Sermão do Monte para ensinar os princípios de relacionamento mais revolucionários jamais ensinados. Nenhum de seus ouvintes gostava de ser forçado a carregar *nada* em distância *alguma* para um soldado romano. No entanto, Jesus não pregou apenas que eles deviam obedecer à lei. Em vez disso, disse que, se lhes fosse ordenado carregar a bagagem de um soldado por uma milha, então deveriam carregá-la por *duas* milhas. É daí que vem a frase "a segunda milha". E tudo se resume em fazer algo além do que é exigido.

Como saber quando já percorremos a segunda milha

Na vida, a maioria de nós percorre a primeira milha. Fazemos aquilo que nos é exigido. O que é esperado de nós. Se você quer manter o seu emprego, continuar casado, ter amigos, precisa percorrer a primeira milha. É a exigência mínima. A milha adicional, por outro lado, é aquela que ninguém percebe. É uma surpresa.

Agora, antes que você pense que o que estou dizendo só se realiza em grande escala, deixe-me esclarecer. Temos a oportunidade de percorrer a segunda milha em grandes e pequenos caminhos todos os dias de nossa vida.

Escolha, por exemplo, uma organização como o Hotel Quatro Estações. Se você perguntar a qualquer funcionário onde fica um banheiro, ele não apontará para o corredor e lhe dirá para virar à direita. Ele interromperá seja o que for que esteja fazendo e lhe dirá:

— Por aqui, senhor(a) — e o levará pessoalmente até o banheiro.

O hotel precisa fazer isso por seus hóspedes? Claro que não. No entanto, se eles querem estabelecer uma reputação de exceder às expectativas dos hóspedes, então precisam fazer. Eles percorrerão a segunda milha, literalmente, várias vezes.

> Se quiser ser criativo em sua empresa, em sua carreira, em sua vida, tudo o que é preciso é dar um passo simples... a segunda milha. Quando encontrar um plano conhecido, faça apenas uma pergunta: "O que mais eu posso fazer?".
>
> Dale Dauten

Não é um impulso natural percorrer mais do que a primeira milha. Nosso primeiro impulso é dizer: "Fiz o que foi exigido, e é só". Riscamos a tarefa da nossa lista e seguimos em frente sem pensar duas vezes, fazendo apenas o suficiente para mostrar que estamos realizando o nosso trabalho e que somos uma boa pessoa.

Contudo, controlar esse impulso tem o poder de revolucionar o seu relacionamento, sua carreira e sua vida. Três segundos podem ser tudo o que determina a separação entre fazer o que foi exigido e fazer o extraordinário. Afinal, as pessoas que fazem o que é importante raramente se conformam com o satisfatório. Elas estão interessadas no inimaginável.

A segunda milha nunca é encontrada na trilha do menor esforço

Google, a incrível máquina de busca que domesticou os vastos recursos da internet, tem atraído multidões de prováveis funcionários às suas portas. E, apesar do tamanho cada vez maior, a empresa permanece muito seletiva quanto aos candidatos. De fato, eles nem sequer têm interesse em rever uma solicitação de emprego se a pessoa não mostrar iniciativa.

Então como o Google se livra do restante? Eles adotam uma abordagem diferente. No verão de 2004, por exemplo, o Google colocou anúncios em outdoors simplesmente com os dizeres:

{first 10-digit prime found in consecutive digits of e}.com.

Qualquer um capaz de resolver o quebra-cabeça e de encontrar o site na internet era dirigido a outro site com outro espinhoso problema matemático. Os inteligentes o bastante para decifrar *aquele* problema eram levados a uma página interna do Google que os elogiavam por seu "grande e magnífico cérebro" e os convidava a solicitar um emprego.

O Google presumiu que, se uma pessoa estava suficientemente motivada para resolver um problema exibido em um outdoor e passar por uma prova rigorosa como a que eles propunham, estava motivada o suficiente para trabalhar para eles.

Bela estratégia! Por omissão, isso elimina os que estão apenas à procura da trilha do menor esforço. Alguém, certa vez, disse: "Seguir a trilha do menor esforço é que faz os homens e os rios dobrar-se". Raramente podemos lançar-nos para o sucesso; em vez disso, não encontramos o triunfo vagueando por aí, mas por meio da intencionalidade. E é exatamente aí que você encontra a segunda milha — na trilha intencional.

Em outras palavras, a segunda milha requer iniciativa. Ela exige mais do que o mínimo. Há alguns anos, encontrei em meus arquivos esta lista de maneiras de fazer exatamente isso:

> Farei mais do que ser membro — vou participar.
> Farei mais do que cuidar — vou ajudar.
> Farei mais do que acreditar — vou praticar.
> Farei mais do que ser justo — vou ser bondoso.
> Farei mais do que perdoar — vou esquecer.
> Farei mais do que sonhar — vou trabalhar.
> Farei mais do que ensinar — vou inspirar.
> Farei mais do que ganhar — vou enriquecer.
> Farei mais do que dar — vou servir.
> Farei mais do que viver — vou crescer.
> Farei mais do que sofrer — vou triunfar.
> **Autor desconhecido (algumas vezes atribuído a William Arthur Ward)**

O poder extraordinário da segunda milha

O segredo para ser excelente em quase todas as áreas — seja no casamento, seja na administração, no atletismo, na vida acadêmica, na criação dos filhos ou na publicidade — é superar as expectativas. Evitando o primeiro impulso, o de seguir a trilha do menor esforço, temos como vantagem um impacto incrível. Antes de falar sobre as instruções de como percorrer a segunda milha, aqui estão os quatro poderes que ela contém.

A segunda milha gera comentários

Qualquer um que tenha estudado propaganda sabe que não existe nada melhor do que os "comentários"; aquela conversa de boca a boca que se espalha como vírus. Na feira, ela começa normalmente com o que os economistas chamam de "vigilantes do preço". São pessoas que farejam bons negócios e se sentem impelidas a contar para todo mundo. Os comentários que elas geram podem criar uma epidemia — de maior ou menor proporção. Como documenta Malcolm Gladwell em seu livro *The Tipping Point*,* um cliente satisfeito pode encher as mesas vazias de um restaurante novo. Um pequeno grupo de garotos do SoHo pode criar um ressurgimento nacional nas vendas de certos sapatos. Alguns fanáticos podem aumentar dramaticamente as vendas de determinado telefone celular. Tudo surge dos comentários a respeito de alguma coisa que vai além das expectativas. A pesquisa tem demonstrado que, se uma pessoa, em uma escala de um a cinco, classifica um restaurante como cinco, tem seis vezes mais probabilidade de falar a um amigo a respeito desse restaurante.

> Metade do sucesso terá sido conseguido quando você tiver aprendido a colocar mais do que se espera em tudo o que fizer. Torne-se tão valioso em seu trabalho que você acabará tornando-se indispensável. Exercite o seu privilégio de percorrer a segunda milha e desfrute todas as recompensas que receber.
>
> Og Mandino

Esse mesmo princípio se aplica no plano pessoal. Quando você supera as expectativas dos amigos, da família ou dos colegas, pode criar "comentários". As pessoas não conseguem evitar falar sobre o fato de você ter percorrido a segunda milha. E isso pode levá-lo para muito mais longe e abrir-lhe muito mais portas do que você é capaz de imaginar. As pessoas que percorrem a segunda milha podem ganhar uma reputação lendária em uma organização ou até em seu bairro.

Temos uma vizinha chamada Lucy em nosso bairro, em Seattle, que é conhecida por suas reuniões. Ela organiza dúzias de reuniões

---

* *O Ponto de Desequilíbrio*, Editora Rocco, 2002.

todos os anos em sua casa, inclusive reuniões que a maioria das pessoas jamais imaginaria. Todo Dia das Mães, por exemplo, ela convida dúzias de mães que estão sozinhas para ir à sua casa a fim de serem elegantemente homenageadas. Suas festas de Natal são famosas. Independentemente do evento, ela faz tudo o que pode para deixar os convidados à vontade e providenciar diversão. Nós a vimos transformar o mais simples churrasco de hambúrguer em um caprichado banquete ao acrescentar temperos incomuns. E, se você tiver sorte de conseguir um convite para o Ano-Novo, ela o deixará emocionado com várias "estações de comida" pela casa, as quais, certamente, são deliciosas. Lucy cria pessoalmente comentários ao ir, a cada nova empreitada, além das expectativas.

A segunda milha pode trazer recompensas

Em agosto de 2002, a carta do editor da *Newsweek* foi uma homenagem póstuma a alguém sobre quem eu jamais ouvira falar: Harry Quadracci, fundador da Quad/Graphics, a maior gráfica de propriedade particular do mundo. Em 1977, Harry Quadracci era apenas o proprietário de uma pequena impressora em Wisconsin. Mesmo não sendo na época fornecedor usual da *Newsweek*, recebeu um pedido urgente da revista porque esta não teve o serviço concluído por seu fornecedor regular. Os leiautes foram mandados às pressas à empresa de Quadracci, mas o avião que os levava acabou sendo desviado para Chicago devido a uma tempestade de neve. Quando o pessoal da *Newsweek* ficou sabendo, telefonou, em pânico, para Quadracci. No entanto, qual não foi sua surpresa ao descobrir que ele já havia mandado um carro até Chicago (em meio ao temporal) para recuperar os leiautes e, naquele momento, eles já estavam na impressora. O editor da *Newsweek*, Mark Whitaker, escreve: "Foi, como se diz, o início de uma bela amizade. Ficamos tão impressionados com a qualidade e a confiabilidade da operação de Quadracci que lhe demos todo o negócio do meio-oeste um ano depois".[1]

Quando Quadracci desafiou de maneira proativa a tempestade de neve, não estava prevendo o retorno tangível que isso poderia trazer. Estava simplesmente praticando um hábito que havia estabelecido havia muito tempo: resistir ao impulso de fazer apenas o mínimo. Por tudo o que Quadracci sabia, tão logo os problemas temporários da revista com seu impressor regular acabassem, talvez ele nunca mais viesse a ouvir falar deles novamente. No entanto, mesmo assim, ele andou a segunda milha. E desfrutou a recompensa.

> O cavalo de corrida que, de forma consistente, corre apenas um segundo mais depressa do que qualquer outro cavalo vale milhões de dólares a mais. Disponha-se a fazer esse esforço extra que separa o vencedor do segundo colocado.
>
> H. Jackson Brown Jr.

A segunda milha exerce influência

Meu amigo Andrew me contou recentemente que entregou uma nota de 20 dólares ao frentista de um posto de combustível em pagamento de uma conta de 10,10 dólares. Tentando facilitar o troco, o frentista perguntou:

— O senhor tem 10 centavos?

— Sim, se você precisar de troco — Andrew respondeu —, mas na verdade eu preciso de troco porque tem uma máquina de café que não gosta muito de notas de dólar.

O frentista imediatamente entregou 90 centavos em moedas para Andrew. No entanto, antes de dar o restante do troco,

---

[1] Mark WHITAKER, "The Editor's Desk", *Newsweek*, 12 de agosto de 2002.

começou a escolher o troco em seu maço de notas. Fez uma pausa, percebendo que podia estar demorando demais, e explicou:

— Estou procurando aquelas que a sua máquina provavelmente vai aceitar.

E, cuidadosamente, entregou as notas mais novas e limpas que encontrou.

— Talvez estas funcionem.

Há quatro postos de combustíveis quase à mesma distância da casa de Andrew. Qual deles você acha que ele usa agora? Esse é o poder de percorrer a segunda milha, mesmo nas coisas pequenas. Como você escolhe um posto de combustíveis? Como você escolhe seus confidentes mais íntimos? Tendo de escolher entre alguém que seja simpático e alguém comprometido, quem você gostaria de ver novamente? Aquele frentista provavelmente ganhava não mais que o salário mínimo, e seus esforços para servir impressionaram Andrew de maneira especial. O impulso de percorrer a segunda milha, no final das contas, é altruísta. E as pessoas podem sentir isso em você. Ao fazer mais do que é esperado, você surpreende, impressiona e influencia as ações das pessoas com quem entra em contato.

A segunda milha permanece na memória

Você sempre lembra quando alguém vai além das suas expectativas. Andrew provavelmente não esquecerá aquele frentista. Depois de ler a respeito dele, provavelmente você também não esquecerá. Pense nisso. Você não consegue lembrar-se de momentos em que alguém fez algo por você além da simples obrigação — algo que não era obrigado a fazer? Pode ter sido um completo estranho que o ajudou a encontrar o caminho quando você estava perdido. Pode ter sido uma vendedora que o ajudou a encontrar a roupa que você procurava. Pode ter sido um bom samaritano que chamou o guincho e aguardou ao lado da estrada junto com você e seu carro enguiçado. Você entendeu a idéia. Os momentos da segunda milha criam lembranças. Elas permanecem em sua memória.

Sempre que vou a um supermercado não longe de casa, lembro-me da gentileza do gerente que me ajudou a sair de um aperto. Naquele dia, estava agendado que eu daria uma entrevista ao vivo em um programa de rádio, mas eu havia esquecido completamente. Tendo dado uma saída de casa para fazer algumas coisas, recebi um telefonema desesperado no meu celular do meu agente de publicidade informando-me que o programa ia começar em cinco minutos. Precisando de um telefone fixo para a entrevista, entrei no supermercado e contei ao gerente a minha necessidade. Ele fez uma breve pausa, depois me conduziu por trás de um espelho, dentro da loja, até o seu escritório pessoal.

— Aqui — ele disse. — Você pode fechar a porta e ninguém o incomodará durante uma hora. Vou deixar avisado. — Alguns segundos depois, ele me trouxe uma garrafa com água, dizendo:

— Para o caso de sua garganta ficar ressecada.

Uau! Eu não estava pedindo que ele desse o seu próprio escritório *ou* me trouxesse água. No entanto, ele o fez. Certamente ele não precisava ter feito aquilo. Ele foi além das minhas expectativas quando lhe pedi um favor — e eu nunca vou esquecer isso.

> A diferença entre o ordinário e o extraordinário é aquele pequeno extra.
> Jimmy Johnson

Um ótimo serviço ao consumidor e ótimos relacionamentos são construídos pela superação contínua das expectativas e pela criação de experiências memoráveis.

Sinais ao longo da segunda milha

No antigo Império Romano, os jovens marcavam somente a primeira milha que eram obrigados a percorrer com um soldado. Para percorrer a segunda milha citada por Jesus em seu sermão, eles tinham de contar os passos e adivinhar a distância daquela milha extra. Felizmente, podemos ver muitos sinais da "segunda milha" se soubermos para onde olhar. Cada um deles é marcado por uma surpresa positiva.

Convicção

Você conhece alguém que defende sua convicção, não importa qual seja? Alguém que esteja disposto a pagar qualquer preço — até perder o emprego ou um amigo — para fazer o que acredita ser o que é certo? Talvez você não tenha pensado nisso como forma de percorrer a segunda milha, mas eu acredito que seja.

Denis Waitley escreveu a respeito do primeiro dia de trabalho de uma enfermeira novata que participava de uma equipe cirúrgica de um grande e conhecido hospital. Na sala de cirurgia, uma de suas responsabilidades era garantir que todos os instrumentos e materiais fossem contados no final da operação. Durante sua primeira cirurgia, quando o cirurgião se preparava para fechar a incisão, ela lhe disse:

— O senhor removeu somente 11 esponjas. Foram usadas 12 esponjas, e precisamos encontrar a última.

— Eu retirei todas — declarou o médico enfaticamente. — Vamos fechar a incisão agora.

— Não — objetou a enfermeira novata. — Nós usamos 12 esponjas.

— Eu assumo a responsabilidade — disse o cirurgião em tom severo. — Sutura.

— O senhor não pode fazer isso — inflamou-se a enfermeira.

— Pense no paciente.

O cirurgião sorriu, levantou o pé e mostrou à enfermeira a 12ª esponja.

— Você será ótima neste ou em qualquer outro hospital.[2]

Sempre que você defender o seu ponto de vista por convicção — não pensando em si mesmo, mas no bem-estar de outra pessoa —, estará percorrendo a segunda milha. O cirurgião estava procurando aquele impulso na enfermeira e ficou satisfeito em tê-lo encontrado. Ela estava preocupada com a saúde do paciente, mas todos nós temos convicções — sobre todas as coisas, desde a justiça até nossa segurança pessoal. Ao defender aquilo em que acreditamos, temos a oportunidade de criar uma surpresa positiva aos que estão ao nosso redor.

Superando o aspecto negativo

Ele sempre dava problemas na escola, por isso, quando os pais do garoto que estava na escola fundamental receberam mais um telefonema convocando-os para uma reunião com a professora e o diretor, sabiam o que vinha pela frente. Ou assim imaginavam.

A professora sentou-se com os pais do aluno e disse:

— Obrigada por terem vindo. Quero que ouçam o que tenho a dizer.

O pai cruzou os braços e aguardou, esperando pelo pior. Ficou surpreso quando a professora começou a listar dez atributos *positivos* do seu aluno "desordeiro". Quando terminou, o pai disse:

— E o que mais? Vamos ouvir as coisas ruins.

— Isso é tudo o que eu queria dizer — ela disse.

---

[2] Denis WAITLEY, "Your Absolute Bottom Line", Priorities. Citado em *Leadership Journal*, verão de 2003.

Naquela noite, quando o pai chegou em casa, repetiu a conversa ao filho. E algo mudou. A atitude do desordeiro começou a melhorar quase de um dia para outro. Essa dramática transformação começou porque a professora superou os aspectos negativos.

Bem, eu sei o que você está pensando: Esse é apenas um daqueles casos criados para causar inspiração que nunca aconteceram de verdade. Você está pensando que se trata do tipo de história usada pelos escritores e conferencistas para inspirar. Bem, você tem razão; eu *estou* tentando inspirá-lo. Como psicólogo, eu vejo isso acontecer várias vezes com tiranos e encrenqueiros de todas as idades. Ao lidar com uma criança difícil, poucas pessoas estão dispostas a superar os aspectos negativos. E não demora muito para que a criança comece a viver de acordo com aquilo que dela se espera. Contudo, é grande a surpresa quando o foco é posto naquilo que é positivo!

Quando você coloca o foco no que é positivo em um relacionamento, o benefício não é apenas seu (ao melhorar a sua própria atitude), mas isso também influencia outras pessoas. Ao usar três segundos para rejeitar o impulso na direção das expectativas negativas, você estabelece resultados positivos para si mesmo e para as outras pessoas. Que maneira poderosa de percorrer a segunda milha!

> Não reduza suas expectativas para atingir seu desempenho. Eleve seu nível de desempenho para atingir suas expectativas. Espere o melhor de si e então faça o que for necessário para torná-lo realidade.
>
> **Ralf Marston**

Flexibilidade

Quantas vezes você encontrou uma pessoa obstinada, inflexível, que parece incapaz de ser simpática com os outros? É de dar raiva, não é? Minha amiga Sandy voltou recentemente de uma viagem ao

Egito. Em seus preparativos para viajar, ela havia comprado uma mala nova, mas logo no início da viagem descobriu que um zíper não permanecia fechado. Ela acabou acomodando suas coisas da maneira que era possível e conseguiu encontrar um jeito criativo de fechar a mala. Obviamente a mala não lhe havia servido bem. Por isso, ao chegar em casa, tentou devolvê-la e pegar seu dinheiro de volta. Pedido razoável, você não acha? Bem, não para o vendedor. Ao ouvir seu pedido, ele nem sequer levantou os olhos dos papéis em que trabalhava e disse:

— Você viajou com ela, por isso não pode devolvê-la.

Sandy achou que ele precisava de mais esclarecimentos, por isso explicou que já estava viajando quando descobriu que a mala era praticamente inútil. Sim, ela viajara com a mala, mas esta fizera o papel de passageira, não de "participante útil da viagem". A explicação, contudo, não convenceu o vendedor. Ele deixou claro que estava obedecendo à política da loja e recusou a devolução da mala.

Sandy saiu de lá com sua mala estragada, não com a devolução do dinheiro. E ela nem sequer pensa em voltar. A inflexibilidade do vendedor perdeu uma cliente fiel da loja. Penso que o primeiro impulso de cada pessoa é fazer apenas o que é exigido. Aquele vendedor não estava sozinho em sua insistência em obedecer à política estabelecida. "Estou apenas fazendo o meu trabalho", era toda a sua argumentação ao defender aquela postura inflexível. Quando você enfrenta um obstáculo em sua tentativa de atender a uma necessidade, pode ver isso como uma sinalização, uma oportunidade para percorrer a segunda milha.

> Você pode começar certo quando se levantar e aplicar o hábito de percorrer a segunda milha ao prestar mais e melhores serviços pelos quais está sendo pago agora.
>
> **Napoleon Hill**

Generosidade

O filósofo francês Albert Camus disse: "Muitos se omitem da generosidade praticando a caridade". Eu acredito que as duas qualidades estão separadas por pelo menos uma milha de foco. A caridade é o comportamento "primeira milha". É a falsificação da generosidade, fazendo apenas o mínimo. A caridade dá ao doador uma dedução de impostos. A generosidade baseia-se na empatia e na intenção genuína. Vai além das expectativas.

Pelo que se sabe, Maklin Shulist devia estar na pior posição para receber generosidade. Gravemente enfermo com um tumor no cérebro, ele foi contatado pela Fundação Make-A-Wish (Realize um desejo), que tem realizado, desde 1980, os desejos de crianças com enfermidades graves. Muitas crianças escolheram encontrar-se com uma celebridade favorita dos esportes, ou fazer uma viagem com a família para a Disneylândia.

Entretanto, o desejo de Maklin foi enriquecer a vida de outras pessoas. Ele pediu à Fundação Make-A-Wish para construir algo que ele nunca poderia desfrutar: uma parede para ser escalada no playground da Escola Elementar de Ellisville, no Missouri. Fraco demais até mesmo para visitar o projeto, Mark morreu dois dias depois de o playground ter sido concluído, no dia 9 de abril de 2004.

Dave Knes, diretor da escola de 600 alunos do bairro de Ellisville, disse:

— Aprendemos uma lição com um menino de 9 anos — a de que, mesmo passando por momentos difíceis, devemos pensar nos outros e não em nós mesmos.[3]

---

[3] "Selfless Dying Boy, 9, Gets Climbing Wall Built", *Courier Journal*, 12 de abril de 2004.

Fale a respeito de percorrer a segunda milha! É uma lição que muitos adultos ainda não aprenderam. A generosidade dá tudo a você. Por quê? Porque, quando você percorre a segunda milha com generosidade, dá tudo de si, todavia sente como se isso não lhe tivesse custado nada.

Honestidade

A maioria de nós não considera o compromisso com a honestidade uma característica da "segunda milha". Afinal, seres humanos decentes são inerentemente honestos, certo? Talvez não. Pessoas boas podem fazer coisas estranhas. Mesmo um vendedor bem intencionado pode ser tentado a tirar vantagem da ignorância do cliente revelando apenas os aspectos positivos do produto. O marido pode dar uma razão pela qual não fez algo que a esposa havia pedido (ele esqueceu), e deixa de confessar a ela o motivo (que aquilo realmente não era importante para ele). A cliente que descobre que um item de sua compra não foi cobrado pode separá-lo planejando devolvê-lo, mas na verdade nunca encontra tempo para isso.

A honestidade escrupulosa requer a idéia de uma segunda milha por ser difícil. É inconveniente. Pode levar a um conflito. Pode acabar perdendo uma venda. Pode, entretanto, gerar plena confiança. Richard Wetherill, consultor de empresas durante mais de seis décadas até sua morte em 1989, apresentou uma teoria que na época teve pouco apelo: a Ética da Ação Correta. Ele propunha

> Não se furte ao esforço extra, aqueles poucos minutos adicionais, aquelas palavras brandas de elogio ou agradecimento, que procedem do que há de melhor que você pode fazer. Você nunca pode dar o melhor de si, que deve sempre ser sua marca registrada, se estiver procurando atalhos e evitando responsabilidades.
>
> **Og Mandino**

que havia uma lei natural do certo absoluto, e que a ação correta devia produzir resultados corretos, enquanto a ação errada devia produzir resultados errados. Parece com algo que Jesus pregou, não parece? Mas, nos negócios, a moral pura sempre descamba para o relativismo. (Se as metas forem atingidas, então todos os métodos usados para alcançá-las são justificados.)

Wetherill tinha um pequeno porém fiel grupo de seguidores e, em 1978, próximo ao fim de sua vida, alguns de seus companheiros de pesquisa formaram uma empresa com o objetivo de aplicar e demonstrar o sucesso de suas teorias. Essa empresa, a Wetherill Associates, Inc. (abreviada como WAI), vende alternadores e motores de arranque para automóveis no mundo todo. Iniciando como uma empresa de vendas por telefone, a WAI começou a ter seu próprio estoque no início de 1980. No final dos anos de 1990, suas vendas anuais eram de 160 milhões de dólares e cresciam à taxa anual de 25%.

O *good steward.com* — o "mordomo fiel" (www.thegoodsteward.com) — é um site que oferece informação e instrumentos para ajudar as pessoas a praticar a mordomia bíblica com o dinheiro delas. Em 1997, Carter LeCraw, planejador financeiro e colaborador do site, escreveu o seguinte a respeito da WAI: "O desempenho desses números são impressionantes, dado que a Wetherill não tem metas de vendas ou de lucro! Na verdade, o manual da empresa afirma especificamente: 'Nós não tentamos gerar lucros ou evitar perdas. Em vez disso, tentamos tomar a "ação correta" da melhor maneira que sabemos; os lucros são um resultado secundário natural' ".[4]

---

[4] Carter LECRAW, "Does Righteousness Pay?", Thegoodsteward.com//article.php3?articleID=650, 27 de outubro de 1997 (acessado em 17 de novembro de 2006).

O sucesso da Wetherill Associates surpreendeu a muitos. Ao percorrer a segunda milha com sua honestidade e integridade, eles mostraram que Richard Wetherill sabia sobre o que estava falando. Seus "resultados corretos" comprovam essa verdade.

Humildade

Steve Sample é presidente da Universidade do Sul da Califórnia. Em seu livro *The Contrarian's Guide to Leadership*, ele compartilha uma lição que aprendeu no início de sua carreira.

Sample diz que uma de suas primeiras apresentações à verdadeira liderança ocorreu em 1971, quando ele foi nomeado, com a pouca idade de 30 anos, diretor substituto para assuntos acadêmicos do Conselho de Educação Superior de Illinois. Foi nesse cargo que ele aprendeu muito com o presidente do conselho, George Clements, que ficara famoso como o homem que havia transformado a Jewel Tea Company, com sede em Chicago, na maior cadeia nacional de supermercados. Sample escreve:

> O piloto camicase que voou em 50 missões estava envolvido — mas não comprometido.
>
> **Lou Holtz**

Quando cheguei pela primeira vez ao meu posto, o sr. Clements disse:

— Steve, deixe-me dar a você alguns conselhos básicos a respeito de liderança. Você pode gastar uma pequena parte do seu tempo contratando seus subordinados diretos, avaliando-os, advertindo-os, fixando a remuneração deles, elogiando-os, repreendendo-os e, quando necessário, demitindo-os. Quando você somar isso tudo, chegará a cerca de 10% do seu tempo. Nos 90% restantes, você deve fazer tudo o que puder para ajudar seus subordinados diretos a obter sucesso. Você deve ser o primeiro assistente das pessoas que trabalham para você".[5]

É claro que o conselho que Steve Sample recebeu do sr. Clements não é o que a maioria dos novos líderes quer ouvir. Depois de trabalhar duro para conseguir o sucesso, grande parte de nós está pronta para fazer com que os outros comecem a nos servir, não o contrário. Uma postura de humildade como essa é surpreendente, e você não precisa ser um líder organizacional para praticá-la. Todos podem caminhar a segunda milha com humildade.

Humor

Quando o presidente Ronald Reagan, então com 70 anos, foi alvejado por John Hinckley Jr., aquele se tornou um dia sombrio na história dos Estados Unidos. Reagan levou um tiro e foi levado às pressas para o hospital. Quando estava sendo encaminhado para a sala de emergência no Hospital da Universidade George Washington, ele olhou para os médicos e enfermeiras e disse:

— Espero que todos vocês sejam republicanos.

E as primeiras palavras que pronunciou ao recuperar a consciência foram para a enfermeira que, por acaso, estava segurando sua mão.

— Nancy já sabe a nosso respeito? — ele brincou.

Quando a própria Nancy chegou minutos depois, Reagan a cumprimentou com o comentário:

— Querida, esqueci de me abaixar.

Ele estava citando o lutador de boxe Jack Dempsey, que havia dito a mesma coisa à esposa ao perder o campeonato peso-pesado para o rival Gene Tunney em 1926. E, de acordo com

---

[5] Steve SAMPLE, *The Contrarian's Guide to Leadership*. São Francisco: Jossey-Bass, 2002, p. 121.

Edwin Meese, advogado-geral de Reagan, o presidente deixou a ele próprio e a outros membros da Casa Branca perplexos com a saudação:

— Quem está tomando conta da loja?

Certo repórter disse que o humor de Reagan tornava difícil alguém não gostar dele, independentemente da tendência política que assumisse. E é verdade. O humor é uma forma de deixar as pessoas à vontade — especialmente quando é inesperado. Isso é o que pode tornar o humor uma prática da segunda milha. Em momentos difíceis, ele desfaz a tensão. Como disse Greville Kleiser: "O bom humor é um tônico para a mente e para o corpo. É o melhor antídoto para a ansiedade e para a depressão. É uma característica valiosa. Atrai e mantém amigos. Alivia as cargas humanas".

É fácil ser enérgico e sério. E isso é sempre necessário. Embora Reagan tenha feito piada com o cirurgião, tenho certeza de que ele ficou contente pelo fato de o médico ter agido seriamente em seu trabalho. Essa é a maneira de percorrer a segunda milha com humor: leve a tarefa, e não você mesmo, a sério.

Conte até 3
para você percorrer a segunda milha

Você está certo. Na verdade, para percorrer a segunda milha provavelmente você levará mais do que três segundos. No entanto, com uma simples parada de três segundos, podemos desafiar o impulso de percorrer apenas a primeira milha e, em vez disso, exceder às expectativas.

O autor e palestrante motivacional Gary Ryan Blair expõe isso muito bem:

— Faça mais do que é exigido. Qual é a distância entre aquele que atinge seus objetivos de forma consistente e os que passam a vida e a carreira apenas seguindo os outros? A segunda milha.

Perguntas para auto-reflexão

1. Quando foi a última vez que alguém percorreu a segunda milha por você? O que essa pessoa fez e como você soube que se tratava da "segunda milha"?
2. Quando foi a última vez que você conscientemente percorreu a segunda milha por outra pessoa? O que, especificamente, você fez e como a outra pessoa reagiu?
3. Você concorda que a milha extra nunca está no caminho do menor esforço? Por que sim? Por que não?
4. A segunda milha é marcada por surpresas positivas, incluindo a generosidade, a flexibilidade, a honestidade, a humildade e o humor. Qual dessas surpresas parece mais fácil para você? Qual requer mais esforço de sua parte? Como você pode melhorar a sua reação aos impulsos mais difíceis?

6

Conte até 3 para... você parar de se preocupar e começar a agir

Não se pode construir uma reputação sobre o que se vai fazer.
Henry Ford

— Todos falam em escrever um livro — meu pai costumava me dizer —, mas só uma preciosa minoria se prende a uma cadeira e realmente o faz.

Ele tem razão. Depois de eu mesmo ter escrito algumas dúzias de livros, as pessoas sempre me falam do livro que elas *vão* escrever — algum dia. Quase todas as semanas eu ouço alguém dizer: "Eu vou escrever um livro... só preciso encontrar tempo para escrever". Algumas dessas pessoas vêm me dizendo isso há anos.

> A preocupação não esvazia a tristeza do amanhã. Ela retira o esforço de hoje.
>
> **Corrie tem Boom**

Devo confessar que conheço essa sensação. Aconteceu comigo nas etapas finais do meu doutorado. Eu estava chegando à fase conhecida por todos os doutorandos como o período "SFT" — "Só falta a tese". Isso pode parecer uma parada momentânea para descansar no caminho da conclusão de um curso avançado, mas para muitos estudantes acaba sendo o fim da estrada. Veja, depois de concluir todas as tarefas do curso, ainda há a assustadora tarefa de pesquisar e redigir uma tese monstruosa. É um documento que será criticado por uma junta de examinadores que estão prontos para exercitar seus próprios músculos acadêmicos uns na frente dos outros. E, infelizmente, a intimidação dessa perspectiva resulta em um número significativo de estudantes inteligentes que nunca terminam seus projetos. Eles falam a respeito. Lêem a respeito. Planejam fazê-lo. No entanto, nunca se sentem prontos para de fato chegarem à sua conclusão.

É uma síndrome comum o bastante para ser pesquisada e que se caracteriza por várias tendências: "preocupação em terminar; a repentina e opressiva sensação de que o seu tema seja entediante e insignificante; depressão quando os dados não se ajustam às hipóteses; e comparações desfavoráveis com outros estudantes diplomados".[1]

Acho que foi o medo de eu cair nessa síndrome que impeliu meu pai a voar de Chicago até Los Angeles para se encontrar comigo e conversar sobre como eu estava desenvolvendo minha tese. Papai, um reitor, conhecia muito bem a síndrome "SFT", e acho que ele pressentiu que eu estava avançando para um estágio potencialmente prolongado da síndrome quando conversamos sobre o assunto por telefone.

---

[1] L. MITCHELL, T*he Ultimate Grad School Survival Guide*. Princeton: Peterson's, 1996.

— Venho analisando algumas idéias — eu lhe disse —, mas não estou bem certo de ter encontrado o tema certo. Papai sempre ouvia com paciência quando eu expunha minha preocupação sobre qual tema se ajustaria bem ao meu orientador acadêmico e à minha futura comissão examinadora.

— Tenho ouvido histórias terríveis de alguns estudantes que tiveram de reescrever o projeto inteiro — eu lhe disse.

Entretanto, toda a minha inquietação a respeito da redação da tese terminou em uma tarde na cafeteria do Hotel Century City Plaza, onde meu pai e eu estávamos almoçando. Ele ouvia, como de costume, enquanto eu discorria sobre alguns temas que, provavelmente, iria examinar. Ele assentia de maneira compreensiva enquanto eu descrevia os problemas potenciais de ter certos eruditos na minha banca. Ele foi compreensivo quando eu lhe falei da dificuldade de concentração em nosso apartamento pequeno, barulhento e sem ar-condicionado.

> Há dois tipos de fracassos: O homem que não fará o que lhe for dito, e o homem que não fará nada.
>
> **Perle Thompson**

No final, meu pai se inclinou sobre a mesa e confessou o que o fizera atravessar metade do país:

— Filho, você pode falar o que quiser sobre o que pode acontecer se fizer seu projeto deste ou daquele jeito. E pode ficar preocupado sobre a política da sua comissão o tanto que quiser. Sei que você pode encontrar muitas razões que tornarão difícil o processo de redação dessa tese. — Ele fez uma pausa por um breve momento enquanto olhava pelo vidro da janela próxima à mesa, como se estivesse medindo as palavras. Depois olhou direto para mim. — Mas você só irá redigir sua tese quando parar de falar a respeito dela e começar a escrevê-la.

Eu sabia que ele tinha razão antes mesmo de completar a frase. Não foi um comentário revolucionário, eu sei. No entanto, alguma coisa a respeito da maneira como ele falou, e da forma como ele me olhou naquele momento, fez daquilo mais do que um simples comentário. Foi uma mensagem que ele veio entregar pessoalmente, e ela tocou uma parte de mim diretamente ligada ao ponto no qual residia a minha motivação. De repente, eu soube — com certeza — o que precisava ser feito. Aquilo despertou em mim uma decisão de parar de me queixar e começar a agir. Era o pontapé para o uso da intuição de que eu precisava para me dedicar ao meu objetivo, independentemente de quão intimidador ele se tornara.

> Todas as pessoas importantes têm bons pensamentos, boas idéias e boas intenções, mas uma preciosa minoria os traduz em ação.
>
> **John Hancock**

Foi o que eu fiz. Naquele mesmo dia, escolhi um tema e entrei de cabeça. Eu estava determinado a fazer o que aquela tese exigisse e não descansar enquanto ela não estivesse pronta. Comprometi-me com a ação. Eu tinha um propósito.

Naquela noite eu conversei com minha esposa a respeito de minhas intenções, e nós dois concordamos que, juntos, faríamos o que fosse necessário para suspender as atividades da vida normal para completarmos aquele projeto. Concordamos em fazer sacrifícios juntos. Para começar, desligamos a TV. Suspendemos nossas férias. Criamos um espaço e um horário que me permitissem escrever. Eu ficava acordado até tarde da noite porque descobri que minhas horas mais produtivas ocorriam depois que todos estivessem dormindo. Em outras palavras, pagamos o preço ao reorganizar nossa vida para realizar aquele objetivo.

Foi quando passei da condição de simplesmente falar sobre minha tese para realmente escrevê-la. O projeto tornou-se minha paixão e, sem ter planejado isso, fui o primeiro da turma a terminar a tese. Aquilo não fazia parte do meu plano, apenas aconteceu. Terminei-a um ano antes da minha previsão e da minha comissão. Decidi parar de me preocupar e começar a agir.

Por que tantos planos nossos ficam presos ao nível das idéias? Porque é o primeiro impulso para postergar a ação. Todos os primeiros impulsos neste livro são mais fáceis de seguir do que os segundos. No caso de nos preocuparmos em vez de realmente agir, contudo, muitos de nós descobrimos que a distância entre os dois impulsos é especialmente significativa.

Sempre gostei de um verso em particular de uma poesia de Henry Wadsworth Longfellow. Está pendurado em uma delicada placa no meu escritório:

> Os altos objetivos pelos homens alcançados
> Não foram por repentino vôo conseguidos,
> Mas labutando, noite adentro, acordados
> Enquanto outros dormiam eles foram atingidos.

Tenho lido sempre as palavras de Longfellow ao longo dos anos, normalmente nas primeiras horas da manhã quando escrevo um livro. Elas me inspiram a continuar como escritor, mesmo quando as palavras saem lentas e o mundo todo parece estar dormindo. Por experiência própria, eu compreendo essa luta. Conheço as flutuações de energia que surgem quando você está sinceramente dedicado à ação. Conheço a agonia da demora da satisfação. Compreendo o esforço exigido para resistir à distração e ao desânimo.

Contudo, sei também que, se eu não tivesse aprendido essa lição, se sempre tivesse apenas falado sobre o que eu tinha intenção de fazer um dia, teria entrado na síndrome do "SFT" em vez de conseguir o "dr." antes do meu nome. Nesse mesmo sentido, se eu não tivesse aprendido a lição de dedicar tempo ao trabalho difícil, você não estaria lendo estas palavras, porque o livro continuaria sendo apenas uma grande idéia. Como você pode adivinhar, ele foi escrito de madrugada — apesar da tentação e da luta de pôr de lado a tarefa e simplesmente falar sobre a minha intenção de escrever no dia seguinte.

> Se quiser ser criativo em sua empresa, em sua carreira, em sua vida, tudo o que é preciso é dar um passo simples... a segunda milha. Quando encontrar um plano conhecido, faça apenas uma pergunta: "O que mais eu posso fazer?".
>
> **Dale Dauten**

Agir — seja escrever um livro, seja perder peso, começar um negócio, enfrentar sem medo o seu chefe ou treinar para uma maratona — é sempre difícil. Muitos de nós deixamos de agir. No entanto, quem está disposto a fazer "aquilo que é importante" sabe que terá de pagar o preço e comprometer-se com a realização, mesmo não sendo esta uma tarefa fácil.

Quais são suas intenções?

Parece fácil estabelecer a diferença entre ficar preocupado e agir. Na realidade, contudo, isso pode ser muito difícil. A linha pode ser sutil. Reunir informação pode ser uma forma de ação. No entanto, depois de certo ponto, torna-se uma forma de evitar qualquer outra ação. Discutir planos sempre pode ajudar a esclarecê-los. Contudo, uma vez mais, temos de determinar quando a discussão se torna procrastinação. E alguns de nós apenas tentamos fazer *alguma coisa*, mesmo que isso não nos esteja aproximando do alcance de nossos objetivos. Isso, no entanto, não é ação; é mera ocupação.

Quem nada arrisca nada perde?

Em 2002, um amigo me contou a respeito de um produto que ele ia produzir e queria comercializar pela internet. Parecia um ótimo produto que preencheria um nicho e provavelmente lhe daria muito dinheiro. Eu lhe disse quanto havia gostado e o encorajei a realizar seu plano. No entanto, *três anos* depois, em 2005, aquilo ainda era uma idéia. O problema? O plano envolvia escrever. Uma ação do tipo sentar-se em uma cadeira e pegar caneta e papel. O produto levaria alguns dias para ser criado e, provavelmente, consumiria cerca de 20 a 30 páginas escritas, da mais alta qualidade. Contudo, uma vez feito, estaria concluído. Ele poderia então vendê-lo inúmeras vezes.

Infelizmente, colocar aquelas palavras no papel tornou-se um obstáculo intransponível, do tipo "monte Everest". Meu amigo simplesmente não sentava para escrever. Falava sobre o produto com amigos de confiança, listava todas as formas como ele se tornaria um negócio lucrativo. Nunca foi além do falar, contudo.

> O motivo pelo qual a maior parte das metas não é atingida é porque gastamos nosso tempo fazendo primeiro as coisas secundárias.
> **Robert J. McKain**

Olhando de fora, eu tinha uma perspectiva melhor de onde aquilo ia dar: em lugar algum. Ele passou o tempo todo implementando e refinando o plano. Obviamente ele estava se preocupando, e não agindo.

Já que era sua idéia e seu negócio, apenas observei e mantive a boca fechada — durante certo tempo. No entanto, tive então uma idéia que achei que poderia ajudá-lo. Sugeri que o produto ficaria bem melhor na forma de vídeo, em vez de no papel. Ele imediatamente se entusiasmou pela idéia e deu a largada. Encontrou o operador de câmera, o copiador de fita de vídeo, o desenhista de site, tudo. Ele estava pronto para rodar.

Isso foi há um ano.

O produto está no mercado? Não.

Foi produzido o primeiro exemplar? Nada.

Ele está ganhando dinheiro? Claro que não.

Por quê?

Porque existem outras formas de protelar. Ele deu o primeiro passo, mas ficou lá, equilibrando-se precariamente e ainda olhando para a montanha a ser escalada. Você conhece o tipo. Eles colocam tudo no papel. Pesquisam nomes, lugares, custos e viabilidade. Nunca *param* de pesquisar, entretanto. São como o sujeito que quer comprar uma TV nova. Ele analisa a satisfação do consumidor, pesquisa preços, mede o espaço e calcula que mobília precisa ser comprada para colocar a TV. Então, enquanto está fazendo tudo isso, alguém aparece com a tecnologia da tela plana, e ele tem de começar tudo de novo.

Ocupação versus realização

Li recentemente a respeito de um homem muito ocupado. Winter (sim, esse é o seu nome verdadeiro), um programador de computação autônomo, tem uma missão incomum. Nascido em Houston, no Texas (com o nome de Rafael Antonio Lozano) tomou como objetivo beber café em cada loja da Starbucks nos Estados Unidos. Ele faz isso desde 1997 e, neste momento, já ingeriu a bebida com cafeína em 5.774 lojas de propriedade da Starbucks em todos os estados norte-americanos, com exceção do Havaí. Tomou também café em 306 países, incluindo o Japão, a Inglaterra, a Espanha e a França.[2] No caso de você ficar curioso

---

[2] WINTER, www.starbuckseverywhere.net (acessado em 30 de novembro de 2006).

para saber se Winter chegou à completa compreensão disso tudo, ele explica apenas algumas regras que impôs a si mesmo:

> A regra principal é que eu tenho de beber pelo menos uma amostra de 113 gramas de café com cafeína em cada loja. A loja tem de estar realmente aberta para exercer sua atividade comercial; não posso chegar lá no dia anterior, quando estiverem comemorando o Dia da Família e distribuindo bebidas... tem de ser uma loja de propriedade da empresa; não uma franquia. Tenho de beber o café, mas não há limite de tempo para fazê-lo. Contudo, quanto mais tempo eu passar sem beber, maior o risco de poder perdê-lo. Existem duas lojas às quais eu preciso voltar no Estado de Washington por não ter terminado o café — perdi-o por tê-lo tirado da loja.[3]

Winter, que aparece em um documentário (*Starbucking*) programado para ser veiculado em 2007, conseguiu um recorde pessoal em 2006, quando visitou 29 lojas diferentes da Starbucks *em um só dia* e bebeu quase 3 quilos de café e 3 doses de café expresso. Como ele se sentiu depois dessa realização?

— Bem, logo no início comecei a sentir dores de cabeça e a ficar trêmulo. Depois, devido à quantidade de líquido que bebi, comecei a ficar inchado. Só olhar para a pequena xícara me fazia sentir enjoado.[4]

Ele deve ter uma boa razão para gastar a maior parte de sua renda disponível — perto de 30 mil dólares — nessa missão, certo? Na verdade, não, até onde eu sei. Seu objetivo é "fazer algo singular". Apesar disso, ele declarou em uma entrevista que

---

[3] Mac MONTANDON, "A saga da Starbucks", divulgado em 29 de setembro de 2006. *Radar Online* www.radaronline.com/features/2006/09/starbucks_jones.php (acessado em 30 de novembro de 2006).
[4] Ibidem.

sua inspiração se originou de uma conversa com um barista da Starbucks a respeito da rápida expansão da empresa.

— Parte disso se deve ao meu instinto de colecionador — ele disse. — Uma vez que começo a colecionar coisas, tenho de ir até o fim. Sou grande colecionador de revistas em quadrinhos, cartões e moedas. No fundo, estou colecionando essas lojas da Starbucks. E sou impulsionado por meu instinto a conseguir visitar cada uma delas.[5]

Esse é um homem que está trabalhando muito. Está disposto a sacrificar seu tempo, seu dinheiro e até sua saúde para conseguir seu objetivo. Para mim, isso faz de Winter uma ilustração perfeita e, admita-se, dramática de uma pessoa que se mantém extremamente ocupada enquanto não realiza nada de valor.

Eu tenho um amigo "ocupado" que realmente se sente lisonjeado quando lhe dizem que ele parece cansado.

— Estou dando duro — ele diz, orgulhoso.

Você conhece alguém assim? Eles vêem o termo "ocupado" como se fosse um distintivo de honra. Por quê? Isso tem que ver com algo que nós, psicólogos, chamamos de ganhos secundários, ou seja, os benefícios que podemos estar inconscientemente procurando. O ganho principal, ou consciente, que recebemos da ocupação é sempre a produtividade. Nós nos sentimos produtivos por parecermos produtivos. No íntimo, contudo, podemos estar perseguindo a ocupação porque ela alivia alguma ansiedade nossa. Estar ocupado demais pode até ser a desculpa de que precisamos para não fazer algo em que tememos fracassar. O fato de estarmos ocupados nos dá permissão para chegar tarde, sair cedo ou faltar, e assim podemos racionalizar que não temos tempo para fazer o que nos ajudaria a concretizar o nosso sonho.

---

[5] Michelle GRIFFIN, publicado em 5 de janeiro de 2006. *The Age* www.theage.com.au (acessado em 30 de novembro de 2006).

Atravessando a linha da preocupação para a ação

Assim como meus colegas SFT da academia, muitos de nós temos pelo menos uma coisa sobre a qual falamos, planejamos ou com a qual nos preocupamos, mas em relação à qual nunca agimos. E você? O que você sonha realizar que você parece nunca poder iniciar? Cite uma meta específica desta fase de sua vida. Então, enquanto lê o processo a seguir, conserve essa meta em mente. Ao reservar tempo para aplicar o processo ao seu sonho, você tem o potencial de progredir e deixar a preocupação para trás.

1. Enfrente o motivo mais comum da preocupação: o medo

A repetida frase que se prende à preocupação, no lugar da ação, pode ser: "Quem nada arrisca nada perde". Ditas em voz alta, essas palavras parecem absurdas. Contudo, muitos de nós pautamos a nossa vida de acordo com elas, mesmo que nunca as pronunciemos. Elas nos permitem racionalizar a falta de ação. Elas nos fazem questionar decisões. Extinguem qualquer boa intenção.

O que está por trás dessa inércia? Eu acredito que o principal motivo da preocupação está no medo — no medo do fracasso, do sucesso, da perda de controle. É a razão número um da paralisia motivacional. Muitos de nós falamos, porém nunca agimos com medo de algum desastre que possa resultar.

Se você nunca olhou para a sua preocupação dessa forma, essa idéia pode ser nova para você. A nossa tendência é ter muitas desculpas, desde a preguiça até a falta de tempo. No entanto, examine-se a si mesmo. Você pode descobrir alguns medos que, se eliminados, podem libertá-lo para começar a agir.

— Eu lhes disse para contarem aos meus pais e às crianças que eu os amava se algo desse errado — disse David Page depois do incidente. Em setembro de 2004, o britânico passou quatro horas enfrentando o que ele acreditou ser a morte iminente. Tudo começou quando ele encontrou uma peça enferrujada de metal em um pátio de trabalho em Norfolk, leste da Inglaterra. Notando sua forma cilíndrica, ele imediatamente se deu conta de que se parecia muito com algo que ainda é encontrado ocasionalmente na Inglaterra: material bélico não detonado. Nem todas as bombas que caíram sobre o país durante a Segunda Guerra Mundial explodiram. Com muita freqüência uma criança, um agricultor ou um homem em um pátio de trabalho encontrariam uma bomba não detonada. As autoridades levavam isso a sério porque o perigo era real.

Page chamou o serviço de emergência pelo telefone celular e a polícia, os bombeiros e a equipe de paramédicos foram às pressas para o local. Enquanto a telefonista o mantinha na linha, o homem apavorado lhe confessava estar com medo de que a bomba detonasse se fosse colocada no chão.

— Ela insistia em me dizer que tudo ia terminar bem, mas eu continuava dizendo: "Não é você que está com a bomba na mão"— ele declarou mais tarde aos repórteres.

Horas depois, a equipe de emergência conseguiu examinar a peça. E então os especialistas descobriram que haviam apenas "resgatado" o trabalhador do perigo de uma peça de carro antigo.[6]

O medo de David Page era real. Só que a ameaça não era. Quando finalmente examinada, demonstrou-se inofensiva. Da mesma forma, o desastre que você tanto teme, se examinado de forma racional, pode revelar-se nulo.

Você pode citar um medo que o paralisa? Agora talvez você saiba que ou conseguirá vencê-lo ou ele irá vencer você. O

---

[6] Robert GROVE, "Bomb of a Car Has Man Worried", *Reuters* (Londres), 15 de setembro de 2004.

primeiro passo é examinar ou articular seu temor. Diga-o em voz alta. Escreva-o. Traga-o à luz do dia.

Agora desafie o seu medo. Pergunte-se: Ele é racional ou irracional? É produtivo ou destrutivo? Em que áreas da vida ele aparece com mais freqüência: Carreira? Relacionamentos? Criação de filhos? Projetos domésticos? Uma ótima maneira de examinar logicamente um medo é conversar sobre ele com um amigo de confiança. Peça-lhe para encontrar falhas em seu medo. Por que fazer isso? Porque a precaução diminui à luz da investigação racional. Quase todos os temores desaparecem quando arrastados para fora das trevas. E quase sempre o simples ato de citar e confrontar seus temores capacita você a superá-los. Tão simples como parece, você observará que acontece algo milagroso quando você profere o nome do seu medo e o traz para a luz do dia. Você sentirá menos medo. Poderá até sentir-se liberto, como se um peso tivesse sido tirado dos seus ombros.

> Não tenha medo de dar um grande passo. Não se pode cruzar um abismo em dois pequenos saltos.
> **David Lloyd George**

Se você tem o hábito de reagir ao medo sem realmente pensar a respeito, terá de fazer isso mais de uma vez — e provavelmente com relação a vários temores. No entanto, sempre que você citar um temor e desafiar sua lógica ou utilidade, ele enfraquecerá. E você estabelecerá um novo hábito de confrontá-lo, em vez de reagir contra ele.

> Não desperdice a preocupação. Se você tem de se preocupar, faça isso bem. Use bem essa energia; direcione-a para uma resposta. Não se esqueça: nada diminui a ansiedade mais depressa do que a ação.
> **Walter Anderson**

2. Faça uma lista de objetivos — incluindo alguns "impossíveis"

Esse é um bom segundo passo, porque sempre emergem novos objetivos depois de removido o impedimento do medo. Agora, posso quase ouvir você gemer diante da idéia de anotar seus objetivos e sonhos. Afinal, você pode dizer: "Estamos falando a respeito de agir, não de escrever um diário". Eu compreendo. Contudo, dê-me uma chance aqui e deixe-me ver se posso convencê-lo do valor desse exercício.

O ano era 1966, e Lou Holtz, aos 28 anos, estava desempregado e sem dinheiro no banco. Além disso, sua esposa, Beth, estava grávida de oito meses do terceiro filho. Ela lhe deu o exemplar de um livro que achava que levantaria seu ânimo. Era *The Magic of Thinking Big*,* de David J. Schwartz.

— Há tantas pessoas, e eu era uma delas — diz Holtz —, que não fazem nada de especial com sua vida. O livro dizia que alguém deve anotar todos os objetivos que queira atingir antes de morrer.

Holtz levou a sério a sugestão do autor. Sentado à mesa da cozinha, o treinador de 28 anos listou 107 objetivos que, na época, pareceram ridículos — desde jantar na Casa Branca até aparecer no *The Tonight Show;* de encontrar-se com o papa a vencer o campeonato nacional. Ele incluiu até colocar a bola de golfe no buraco com uma única tacada e saltar de um avião.

> Se você está entediado com sua vida, você não tem objetivos suficientes.
> **Lou Holtz**

De acordo com Henriette Anne Klauser, em seu livro *Write It Down, Make It Happen*, Lou Holtz conseguiu 81 daqueles 107

---

* *A Mágica de Pensar Grande*, Editora Record, 1996.

objetivos. Ele se encontrou com o papa e apareceu ao lado de Johnny Carson (apresentador do *The Tonight Show*, que deixou a função em 1992 depois de trinta anos no ar). Tem fotos do seu jantar com o presidente Ronald Reagan na Casa Branca. E conseguiu colocar a bola de golfe não apenas em um buraco, mas em dois, com uma só tacada!

Você acha que Lou Holtz teria conseguido esses objetivos se não os tivesse anotado? É duvidoso. No livro de Klauser, ela conta a história de pessoas da vida real que realizam feitos surpreendentes depois de terem registrado por escrito seus sonhos e aspirações. Ela diz que sempre que uma pessoa anota seus sonhos, é "como pendurar uma tabuleta que diz: 'Aberto para Negócios'".[7]

Adoro a história verdadeira de Jim Carrey, que andou por Hollywood como um desconhecido aspirante a comediante e preencheu um cheque para si mesmo no valor de 10 milhões de dólares. No canhoto do cheque, ele anotou: "Por serviços prestados". Carregou consigo o cheque durante anos, imaginando o dia em que receberia um cheque de verdade igual àquele. Hoje ele é um dos atores mais bem pagos de Hollywood, recebendo mais de 20 milhões de dólares por filme.

Portanto, aqui está o meu desafio para você. Mesmo que não acredite neste exercício, quero que você faça a sua própria lista de objetivos, aspirações e sonhos. Neste momento, não pense na praticidade ou no realismo da idéia. Anote até mesmo aquelas ambições que parecem distantes do seu alcance. Escreva logo. Não se demore em cada item. Apenas deixe que as

> Um navio no porto está seguro, mas não é para isso que os navios são construídos.
>
> **Filantropo John Shedd**

---

[7] H. A. KLAUSER, *Write It Down, Make It Happen.* Nova York: Simon e Schuster, 2000.

idéias fluam e pense grande. Richard Bolles diz: "Uma das frases mais tristes do mundo é: 'Convenhamos, seja realista'". Concordo. Não se preocupe em ser realista enquanto escreve. Apenas escreva.

3. Calcule os custos

Quando eu decidi terminar o meu doutorado independentemente do tamanho da tarefa, ganhei também a motivação de que precisava para concluir outras tarefas. Por exemplo, cada vez que escrevo um novo livro, tenho de me motivar e perseverar para atingir meu objetivo. Acredito com certeza que grudar-me à cadeira uma vez torna mais fácil fazê-lo novamente. Contudo, escrever um livro, a exemplo de outras realizações, nunca foi fácil. De fato, eu acredito que qualquer coisa que valha a pena fazer é difícil. Gostaria de saber se tantas pessoas se preocupam com tarefas opressivas por acreditarem erroneamente que essas tarefas *deveriam* ser fáceis. É o mesmo que acreditar que determinada pessoa talvez seja apenas "azarada", e que todas as demais podem fazer grandes coisas com pouco ou nenhum esforço.

Calcular os custos não é natural, especialmente quando estamos começando e o nosso entusiasmo é grande. É fácil ignorar os custos e concentrar-se nos ganhos. Contudo, eles devem ser considerados em conjunto. Devemos decidir começar a agir em direção aos nossos objetivos *não* porque eles não apresentarão dificuldades, mas porque os ganhos farão valer a pena suportá-las.

> As idéias sem ação não têm valor.
> **Harvey Mackay**

4. Mire a linha de chegada — mas dê um passo de cada vez

Eu vejo muitas pessoas com grandes objetivos desanimar ao longo do caminho porque se concentram na distância da linha de chegada. Em vez de marcar seu progresso pelas marcações ao longo do trajeto, elas apenas vêem a longa distância que têm de percorrer para atingir seu objetivo principal. Não caia nessa. Você precisa decompor toda realização significativa em passos manejáveis. É ótimo ter em mente o ganho maior; na verdade, é imperativo. No entanto, não permita que o grande objetivo o impeça de ver as pequenas metas que o farão chegar lá.

O medo também pode ser um fator presente aqui. Se você nunca aprendeu a decompor uma tarefa em passos menores, a tarefa maior pode facilmente lhe parecer esmagadora e assustadora. Não sei exatamente como Lou Holtz conseguiu passar da situação de sentado à mesa de sua cozinha, desempregado, a um jantar na Casa Branca com o presidente, mas *posso* dizer que não foi em um grande salto. Quase sempre o que parece impossível quando visto em sua totalidade pode ser muito mais manejável quando decomposto em partes menores.

> Nosso problema não é falta de saber; o problema é falta de fazer.
> **Mark Hatfield**

5. Atinja o ponto crítico a partir do qual não há volta

Eu sei que acabo de dizer que o sucesso raramente é alcançado por meio de um grande salto. Contudo, quase sempre o primeiro passo *é* o maior. Isso porque ele representa um compromisso.

Imagine-se dentro da cabine de um avião antes da decolagem. Nos últimos minutos, você ouviu o piloto e o co-piloto enquanto eles repassavam uma extensa lista de conferência de decolagem. Agora o avião está ganhando velocidade na pista. Um pouco antes de as rodas saírem do chão, um deles diz:

— V1.

Se você não é piloto, essa sigla pode não significar nada para você. No entanto, em aviação, "V1" é a velocidade de decisão para decolagem. Antes de o avião atingir essa velocidade na pista, os pilotos podem decidir abortar a decolagem em caso de emergência. Depois que o avião atinge V1, ele *tem de* decolar ou há risco de desastre. Qualquer emergência terá de ser resolvida no ar.

Toda pessoa dotada de iniciativa entende o valor de um compromisso V1. Em cada novo empreendimento, você deve examinar sua própria lista de conferência. Uma vez que você a analisou, orou por ela, conversou a respeito dela, escreveu sobre ela etc., precisa comprometer-se em fazer alguma coisa. Quando um pretenso empreendedor realmente se demite do seu emprego, ele se comprometeu. Quando uma estudante se candidata a uma universidade tradicional, ela agiu de acordo com suas intenções. Quando um casal aceita uma oferta por sua casa, está assumindo o compromisso de se mudar.

> Uma viagem de mil milhas começa com um único passo.
> **Confúcio**

Qualquer objetivo que mereça ser alcançado implicará pelo menos um passo que não pode ser desfeito. Se você não estiver disposto a dar esse grande passo, a saltar no desconhecido, por assim dizer, nunca realmente assumirá compromisso com o processo. E é muito mais fácil ser desviado de seus objetivos por comportamentos proteladores.

6. Aprenda e melhore

Fracasso é uma palavra feia em nossa cultura. Quando nossas tentativas fracassam, muitos de nós culpamos não somente nossas decisões e ações. Ao contrário, definimos a nós mesmos pelo fracasso, criando uma espécie de culpa por associação. É como se a mancha penetrasse fundo em nós e mudasse quem nós somos. Ele causa sofrimento e desconforto e parece não ter valor que o compense. Se é assim que você encara o fracasso, então faz sentido evitá-lo a qualquer custo.

Contudo, pode ser uma surpresa ouvir que pessoas bem-sucedidas e dispostas a fazer "aquilo que é importante" não somente fracassaram, como também são de fato boas em fracassar. Elas "calculam os custos" do fracasso de certa forma esperando-o e incluindo-o em seus planos. Por definição delas, o fracasso é um passo necessário para o crescimento. Por isso elas acolhem o desconforto, sabendo que podem aprender com ele e ter uma melhor oportunidade de sucesso na tentativa seguinte.

> Não importa quanto você trabalhe pelo sucesso, se a sua mente estiver saturada pelo medo do fracasso, ele matará seus esforços, neutralizará seu empenho e tornará o sucesso impossível.
>
> **Baudjuin**

Grandes exemplos estão por toda parte nos esportes. Você não se torna um profissional naquele campo ao permitir que uma perda ou um fracasso defina seu limite. Ao contrário, os grandes atletas procuram aprender com o erro e então melhoram suas ações. ("Bem, agora eu sei a maneira de *não* interceptar aquele jogador da defesa".)

Em seu livro *Now Discover Your Strengths* (Descubra suas forças agora), Marcus Buckingham e Donald O. Clifton escrevem:

> Realmente, qual é a pior coisa que pode acontecer? Você identifica um talento, cultiva esse talento à exaustão e fracassa em ajustar-se às suas expectativas. Sim, dói, mas isso não deve desanimar você completamente. É uma chance de aprender

e de incorporar esse aprendizado à sua próxima realização, e à próxima que vier após esta".[8]

É uma grande perspectiva. Você pode parar de se preocupar e aceitar a possibilidade do fracasso. Então ele se torna não um desastre que deve ser evitado a todo o custo, mas uma oportunidade de melhorar.

7. Dê espaço para o inesperado

Assim que você se compromete em atingir esse objetivo, poderá observar algo estranho. Veja, eu não sou místico. As pessoas que me conhecem bem podem atestar que eu sou um homem prático. No entanto, o que estou prestes a dizer pode fazer você pensar o contrário.

Lá vai. Quando uma pessoa gasta tempo em sua própria lista de sonhos inacessíveis, ela não somente ativa algo em seu cérebro — como ativa algo no cosmos, também. Não estou falando da tolice de "fenômenos psíquicos". Estou mais inclinado a ver essa ocorrência como "intervenção divina", algo que está bem documentado. Deixe-me explicar.

Meu bom amigo John Maxwell falou-me certa vez a respeito de um objetivo "inacessível" que ele tinha quando era um jovem pastor em Ohio. O sucesso de sua igreja, na época a que mais crescia na região, precisava de 1 milhão de dólares para ampliação do templo. A tarefa parecia impossível. Para que o banco concedesse o empréstimo à igreja, ele precisava levantar junto à congregação a importância de 300 mil dólares. A maior quantia que ela já havia arrecadado antes eram 25 mil dólares. E com apenas 29 anos de idade ele não tinha experiência com um programa maior de construção. Estava enfrentando o impossível, mas colocou em prática o processo que já citei aqui.

---

[8] Marcus BUCKINGHAM e Donald O. CLIFTON, *Now, Discover Your Strengths*. Nova York: Free Press, 2001.

— Escrevi o objetivo — ele me contou — e, depois de muita oração, tomei a decisão de seguir em frente.

Ele tirou do bolso um cartão de plástico que obviamente estava com ele havia anos.

— Eu carregava aquele cartão comigo havia 18 meses — ele me contou. — Eu o lia todos os dias e ele me ajudou a me manter focado até atingirmos a nossa meta; a propósito, mais depressa do que eu jamais havia imaginado.

No cartão estavam escritas as seguintes palavras, de William H. Murray:

> No instante em que alguém se compromete definitivamente, a Providência também se move.

Para ajudar a pessoa que age assim, acontece todo tipo de coisas que, de outra forma, nunca teriam acontecido. Todo um fluxo de eventos procede dessa decisão, aparecendo em favor da pessoa todas as formas de incidentes e encontros imprevistos e ajuda material com a qual ninguém poderia ter sonhado que acontecesse daquela forma.

> Estou cansado das pessoas racionais: elas vêem razão em tudo para não fazerem nada.
> **George Bernard Shaw**

Você já passou por essa experiência? Uma vez tomada a decisão de sair da sua zona de conforto, sair da linha de largada e comprometer-se com algo maior que você acredita poder realizar, a Providência começa a se mover. Você começa a observar a Lei do Inesperado, um fenômeno no qual o impossível se torna possível por motivos não-óbvios.

Pense em Alexander Fleming, o cientista que descobriu as propriedades antibacterianas da penicilina obtida do fungo que cresceu como mofo em uma placa velha de cultura esquecida por ele durante um feriado. Se Fleming tivesse coberto sua experiência velha, se ele a tivesse colocado em uma incubadora aquecida, se o seu laboratório não ficasse localizado um andar acima de um laboratório de micografia, e se Londres não tivesse tido um curto período de frio intenso que permitiu ao mofo crescer, ele poderia ter voltado e jogado fora a placa de cultura quando a limpasse. A revista *Time*, em sua edição de número 2005, que celebrava as cem pessoas mais influentes do mundo, disse o seguinte a respeito de Fleming: "Um esporo que se acumulou em seu laboratório e se estabeleceu em uma placa de cultura deu início a uma cadeia de eventos que alterou para sempre o tratamento das infecções por bactéria".[9] Fleming havia pesquisado as propriedades antibacterianas de substâncias comuns durante anos. Ele pôde assim viver a experiência de reconhecer o que viu. Todavia, não se pode negar o poder do inesperado naquela situação.

A Lei do Inesperado tem sido óbvia na minha vida. Há um ano, eu escrevi um de meus objetivos: produzir uma série de DVD para treinar casais para ser mentores. Não somente vários encontros inesperados ocorreram para dar início ao projeto de forma rápida, como três semanas depois de ter colocado a idéia no papel senteime junto a uma pessoa completamente estranha em um avião e que me perguntou a respeito do meu trabalho. Quando lhe falei sobre aquele projeto particular, ela se empenhou em ajudar a custeá-lo! Uma semana depois, uma reunião casual com um produtor de

> Comprometa-se com um sonho... Ninguém que tenta fazer algo grande e acaba falhando é um fracasso total. Por quê? Porque ele pode sempre ter certeza de que venceu a batalha mais importante da vida — derrotou o medo de tentar.
>
> **Robert Schuller**

---

[9] David Ho, "Alexander Fleming", publicado em 29 de março de 1999. *Time Online* www.time.com (acessado em 2 de dezembro de 2006).

TV ensejou a oferta do mais moderno estúdio. Nos dias seguintes eu recebi vários e-mails inesperados de casais que acabaram sendo entrevistas perfeitas para o vídeo. Nunca sonhei que o projeto se tornaria real da maneira como aconteceu. E nunca teria sido realizado se vários lances inesperados não tivessem acontecido tão rapidamente.

Exposto de forma simples, a Lei do Inesperado é a experiência de ter duas ou mais coisas acontecendo coincidentemente de uma maneira significativa para a pessoa que as experimenta. Ela difere da coincidência no aspecto em que o inesperado implica não apenas casualidade, como também um padrão subjacente significativo.

> Mesmo que você esteja no caminho certo, você se sentirá mal se apenas ficar sentado.
>
> **Will Rogers**

Ao aplicar isso à sua lista de sonhos e metas inatingíveis, você logo descobrirá que ligações improváveis começam a ocorrer logo depois que você se compromete com um deles. Você encontrará alguém que pode abrir-lhe uma porta particular. Ou pode descobrir que um telefonema feito a alguém ocorreu no "momento exato". E descobrirá também que, quanto mais comprometido você estiver com seu sonho e mais disposto estiver a andar pela fé, mais naturais se tornam os eventos inesperados.

Conte até 3 para você parar de se preocupar e começar a agir

Bem lá no seu íntimo, você sabe que, se quiser mudar, crescer e tornar-se a pessoa que quer ser, precisa começar. Todavia, o primeiro passo pode parecer assustador. Depois de uma recente palestra que fiz sobre o assunto deste capítulo na universidade, um dos meus alunos me perguntou se eu era um "Trekkie".

— Um o quê?

— Um fã de *Jornada nas estrelas* (Star Trek).

Tive de confessar que nunca havia assistido a um único episódio sequer da série de TV ou a qualquer filme *Jornada nas estrelas*. Ele ficou desapontado, mas me disse que eu teria gostado do capitão da nave do filme *Jornada nas estrelas: A nova geração*, Jean-Luc Picard.

— Por quê? — perguntei.

— Por que ele tem um bordão que resume a idéia sobre a qual o senhor falou em sua palestra. Sempre que ele ordena que sua tripulação entre em ação, ele diz: "Façam acontecer".

Bem, eu não sou um *trekkie*, mas gosto dessa frase porque é o sentimento de toda pessoa de iniciativa que aprendeu a parar de se preocupar e começou a agir. Ela combateu o primeiro impulso de se desgastar e se preocupar, e passou a se dedicar a "fazer acontecer".

Eu não conheço a sua história. Estou certo que você está cheio de razões legítimas para se queixar e se lamentar. Deve ter um milhão de motivos para não começar. No entanto, nenhum deles pode ser tão convincente quanto a recompensa do sucesso. Dentro de um mês, ou um ano, ou cinco anos a partir de agora, você pode ter apenas uma coisa a lamentar — o fato de não ter começado. E tudo depende dos três segundos necessários para fazer essa escolha.

Por isso, devo perguntar: Você está pronto? Você pode decidir agora mesmo a resistir ao impulso de dizer: "Algum dia", e, em vez disso, pode agir — começando hoje.

Perguntas para auto-reflexão

1. Você leu a respeito da minha experiência com "SFT" quando estudante que havia feito tudo e só faltava redigir a tese. Cite uma situação de sua vida que seja "SFT" — algo que o consome, mas você nunca o termina.

2. Em uma escala de 1 (pouco) a 10 (muito), onde você classifica sua inclinação natural para ceder ao impulso de "preocupar-se" em vez de "agir"? Por que você atribui essa nota?

3. A que temores você cede quando segue seu primeiro impulso — o de preocupar-se? Anote temores tantos quantos puder lembrar. Em seguida, responda a estas duas perguntas a respeito de cada temor: Ele é lógico? Ele é útil?

4. Qual é o seu objetivo mais "inatingível"? Faça uma lista de duas colunas — uma para "recompensas" e outra para "custos". Gaste tempo listando todas as recompensas e todos os custos associados à consecução desse objetivo. A tentativa vale a pena? Por que sim? Por que não?

5. O capítulo fala de alcançar o ponto crítico (de onde não há retorno), aquele grande primeiro passo da viagem em direção à linha de chegada. O que você pensa ser o ponto crítico em relação ao objetivo que você está considerando atualmente?

Conclusão

Como fazer do seu segundo impulso um hábito

Salte, e a rede aparecerá.
Julie Cameron

James Bryant Conant — que teve um papel significativo no Projeto Manhattan (a equipe que criou a bomba atômica), e foi reitor da Universidade de Harvard e embaixador dos Estados Unidos na Alemanha depois da Segunda Guerra Mundial — gostava de dizer:

— Observem a tartaruga. Ela somente progride quando estica o pescoço.

Conant foi um pioneiro em trazer novas idéias e práticas às organizações das quais participava, e ele acreditava que o progresso pessoal e profissional sempre envolve um pouco de risco.

Concordo. E estou supondo que você também. No entanto, tenho de ser honesto a respeito de um medo que carrego comigo enquanto escrevo cada capítulo deste livro. Meu medo é que você estude "os seis impulsos que nunca dão retorno", que você se comprometa a usar os três segundos que o levam a "fazer aquilo que é importante" — mas que somente o faça quando isso for fácil. Em outras palavras, tenho receio de que você somente assuma o risco quando não for necessário muito esforço. Afinal, o segundo impulso — desconhecer sua impotência, aceitar um desafio, e assim por diante — pode ser relativamente fácil de vez em quando para pessoas decentes. No entanto, quando as coisas ficam difíceis, receio que você deixe enfraquecer depressa o seu segundo impulso.

Por exemplo...

- Eu receio que, ao sentir-se especialmente impotente, você ceda ao impulso de dar de ombros e dizer: "Não há nada que eu possa fazer a respeito".

- Eu receio que, quando estiver enfrentando um desafio particularmente grande, você se renda ao primeiro impulso, dizendo: "É difícil até mesmo tentar".

- Apesar de querer alimentar sua paixão, eu receio que você possa ainda desviar-se de sua visão e dar lugar ao impulso que diz: "Farei apenas o que aparecer diante de mim".

- Eu receio ainda que, quando você tiver uma oportunidade de percorrer a segunda milha, no trabalho ou em casa, possa distrair-se ou ficar cansado demais para resistir ao impulso de dizer: "Fiz o que foi exigido e isso é suficiente".

- E, finalmente, eu receio que quando se tratar de trocar a preocupação pela ação, você sempre ceda ao impulso que diz: "Algum dia eu farei isso, mas não agora".

Cada um desses impulsos é sabotador. Em nada contribui para melhorar a sua vida. Eles são, em certo sentido, uma forma de você se iludir dizendo "não ligo a mínima" para a vida. Todavia, dia após dia, muitos de nós cedemos a eles, repetidas vezes — apesar dos resultados danosos.

> Hábito, se não for abandonado logo, torna-se necessidade.
> Sto. Agostinho

Por isso, quando se trata de você em particular, os meus temores têm fundamento? Depois de ler este livro, você ainda corre o risco de ter uma atitude "não ligo a mínima" e perder a oportunidade em relação a tudo o que a sua vida poderia ser? Provavelmente não. Afinal, você está aqui, no capítulo final. Você não estaria aqui se não levasse o assunto a sério. No entanto, deixe-me lembrá-lo de que a simples leitura do livro não garante resultados positivos. É preciso praticar os princípios estudados indo até o fim, mesmo quando isso for bastante difícil. E é então que eu receio poder perdê-lo para o seu primeiro impulso.

Sejamos sinceros, a mudança — a mudança profunda, permanente — é sempre arriscada. O verdadeiro teste de tirar vantagem dos seis impulsos apresentados aqui está na habilidade de permitir que o segundo impulso apareça quando quase tudo dentro de você resiste a ele. Quando o seu primeiro impulso está firmemente enraizado, persistindo por mais tempo do que deseja, você terá de fincar o calcanhar e dar meia-volta. Você terá de correr o risco.

Negócios arriscados

É sempre difícil encontrar a origem de um termo ou palavra, especialmente quando eles são usados como gírias. Contudo, consegui investigar o uso da expressão "não ligo a mínima". Quando as pessoas começaram a usar essas palavras para demonstrar uma atitude de desinteresse? Você ouve muito essa expressão nos dias atuais. Por exemplo: "Ele pensa que é minha culpa, mas eu 'não ligo a mínima' ". Ou você pode ouvir essas palavras como uma refutação impertinente, quando uma pessoa diz: "Não vou suportar isso de maneira alguma". E a outra pessoa simplesmente responde: "Não ligo a mínima". E às vezes ela é dita em voz alta e com desdém, na forma de um sonoro: "Não estou nem aí!".

Essa atitude transmite completa falta de preocupação ou interesse. É irônica, indiferente e dissimulada. E, quando é acompanhada por um rolar de olhos, pode tornar-se completamente desdenhosa.

Fiz algumas pesquisas a respeito da origem da expressão e o melhor que posso dizer é que as palavras foram usadas pela primeira vez nesse sentido no filme de 1971, *Conexão França*, o clássico drama estrelado por Gene Hackman como detetive Jimmy "Popeye" Doyle.

Se a minha pesquisa sobre suas origens são exatas ou não, realmente não importa. A frase resume sucintamente a atitude popular de apatia. Bem, eu sei que você não estaria lendo estas palavras se estive satisfeito em viver uma vida apática de "não ligar a mínima". Sei que você quer ir além dos seis "primeiros impulsos" expostos neste livro. Contudo, quero lembrá-lo de que você somente o fará efetivamente se correr o risco. Provavelmente não tenho de dizer-lhe a esta altura que o segundo impulso é, de fato, arriscado.

Pense nisso...

- Quando você desconhece sua impotência, arrisca a responsabilidade.

- Quando você aceita um desafio, arrisca-se a sofrer constrangimento público.
- Quando você alimenta sua paixão, coloca em risco o conforto do que é conhecido.
- Quando você tem seu próprio pedaço de torta, corre o risco de levar a culpa.
- Quando você percorre a segunda milha, corre o risco de ficar exausto.
- Quando você pára de se preocupar e começa a agir, corre o risco de fracassar.

Cada um dos seis impulsos secundários jamais pode ser obtido sem a ocorrência de riscos. É no risco de agir, contudo, que você alcançará progresso pessoal. Como alguém disse: "O maior risco está no excesso de segurança". Sempre que você sai da segurança da sua concha, sai da proteção do seu primeiro impulso, move-se para mais perto "daquilo que é importante".

Fazendo do seu segundo impulso um hábito

"Cada um de nós nasce com dois conjuntos contraditórios de instruções" — diz Mihaly Csikszentmihaly — "uma tendência conservadora, constituída de instintos de autopreservação, auto-engrandecimento, preservação de energia, e uma tendência expansiva constituída de instintos de exploração, para desfrutar a novidade e o risco".

Você concorda com isso? Você já sabe que eu concordo. E tem mais, concordo especialmente com Csikszentmihalyi quando ele diz: "Enquanto a primeira tendência requer pouco encorajamento ou apoio externo para nos motivar, a segunda pode murchar se não for cultivada".

Quando se trata das seis áreas de que tratei neste livro, devemos cultivar o nosso segundo impulso se quisermos ser eficientes. Isso significa que devemos praticar cada um desses impulsos até que eles se tornem, praticamente, uma segunda natureza. A eficiência é um hábito. Ela se constrói na prática — tal como os mecânicos nos *pit stops* da Fórmula Indy 500, que tomam suas decisões "antes que a corrida comece" e então praticam suas ações predeterminadas. E, a propósito, a prática pode sempre ser aprendida. Como disse o grande guru da administração Peter Drucker: "As práticas são simples, enganosamente simples; até uma criança de 7 anos não tem dificuldade em compreender uma prática. Contudo, elas são sempre muito difíceis de ser bem-feitas. Elas precisam ser adquiridas". Pergunte à minha professora de piano quem está ensinando as escalas ao seu aluno. Ou a qualquer aluno que esteja aprendendo multiplicação. É uma repetição até enjoar que "6 x 6 = 36" para que se torne um reflexo condicionado, que dispense raciocínio. É quando uma prática se torna um hábito firmemente enraizado. E, de acordo com Drucker, "As práticas são aprendidas repetindo, repetindo e repetindo".[1]

Assim como você pode aprender a tocar as escalas no piano, pode aprender a ignorar instintivamente a impotência, a aceitar o desafio e todo o restante. Você pode adquirir competência em qualquer prática em que esteja disposto a trabalhar. Portanto, aqui está a minha sugestão. Reveja o sumário deste livro e identifique o impulso, dentre os seis, que você gostaria de mudar

> É preciso competência para atingir a eficiência.
> É preciso treino.
> **Peter Drucker**

---

[1] Peter DRUCKER, *The Effective Executive*. New York: HarperCollins, 1993.

por completo. Qual dessas práticas você gostaria de dominar? Talvez você esteja especialmente inclinado a alimentar sua paixão ou, talvez, deseje percorrer a segunda milha. Seja qual for, grife-a. Agora, dos cinco restantes, identifique o segundo impulso que você mais gostaria de praticar. Grife-o também.

Essa é a sua tarefa. Concentre-se nesses dois impulsos secundários. Pratique-os. Pratique-os de novo. Você não precisa descuidar-se dos outros quatro impulsos, mas dê especial atenção a esses dois. Comece pequeno, com pequenos riscos. Não espere perfeição. Talvez você não consiga resistir à atração do primeiro impulso todas as vezes. Apenas continue praticando. O aluno de piano melhora de forma incremental. Desde que continue assumindo risco e buscando o segundo impulso, você estará crescendo. Pode demorar um pouco, mas os segundos impulsos podem tornar-se uma segunda natureza.

— A toda prática se aplica o que minha velha professora de piano me disse, irritada, quando eu era um pequeno garoto — disse Drucker. — "Você nunca tocará Mozart como Arthur Schnabel, mas não existe motivo no mundo para que você não toque suas escalas como ele toca".

E Drucker acrescentou:

— O que a professora de piano esqueceu de dizer — talvez por ser óbvio demais para ela — é que mesmo os grandes pianistas não conseguem tocar Mozart da maneira que o fazem a menos que pratiquem suas escalas e continuem praticando-as.

Portanto lembre-se disto

Um impulso não é nada mais do que um instinto que incita você a agir ou a sentir. É uma inclinação repentina. Não é premeditado. É por isso que, quando se trata dos "seis impulsos que nunca dão retorno", precisamos aguardar um segundo — ou três

— antes de dar-lhes crédito. Precisamos tomar uma decisão antecipada para escolher um caminho superior e honrar os três segundos que podem fazer de qualquer situação um grande sucesso ou um completo fracasso quando emergem esses impulsos.

É preciso colocar empenho no segundo impulso, que permite a você...

- Capacitar-se... ao dizer: "Não posso fazer tudo, mas posso fazer algo".
- Aceitar um bom desafio... ao dizer: "Adoro um desafio".
- Alimentar sua paixão... ao dizer: "Farei o que me foi designado".
- Conseguir o seu pedaço de torta... ao dizer: "Eu assumo a responsabilidade".
- Percorrer a segunda milha... ao dizer: "Farei além do mínimo exigido".
- Parar de se preocupar e começar a agir... ao dizer: "Estou 'entrando de cabeça'... e começando hoje".

Esses são impulsos que nos conduzem ao sucesso ou ao fracasso. Esse é o poder de pensar duas vezes. Apenas três segundos separam aqueles que "dão tudo de si" daqueles que "não ligam a mínima". Esse curto espaço de tempo é tudo o que se coloca entre os que aceitam "coisas sem importância" e os que não se conformam com nada menos do que "tudo aquilo que é importante".

Agradecimentos

Quero expressar meu profundo reconhecimento à minha equipe editorial: Scott Bolinder, Doug Lockhart, Bruce Ryskamp, Sandy Vander Zicht, Becky Shingledecker, Michael Ranville, Mark Rice, Lyn Cryderman, Stan Gundry, Joyce Ondersma, Jackie Aldridge, Mark Hunt, John Raymond, T. J. Rathbun, Jeff Bowden, Vicki Cessna, Sealy Yates, Kevin Small e Janice Lundquist. Como sempre, cada um de vocês percorreu a segunda milha várias vezes por mim neste projeto. Sou eternamente grato.

Esta obra foi composta em *AGaramond* e impressa
por Imprensa da Fé sobre papel *Chamois Bulk Dunas* 70 g/m²
para Editora Vida em junho de 2008.